Paul Arndt

Deutschlands Stellung in der Weltwirtschaft

Historisches Wirtschaftsarchiv

Paul Arndt

Deutschlands Stellung in der Weltwirtschaft

1. Auflage | ISBN: 978-3-86383-291-9

Erscheinungsort: Paderborn, Deutschland

Erscheinungsjahr: 2015

Historisches Wirtschaftsarchiv ist ein Imprint der Salzwasser Verlag GmbH, Paderborn.

Nachdruck des Originals von 1913.

Aus Natur und Geisteswelt
Sammlung wissenschaftlich-gemeinverständlicher Darstellungen
179. Bändchen

Deutschlands Stellung in der Weltwirtschaft

Von

Prof. Dr. Paul Arndt

Zweite Auflage

Druck und Verlag von B. G. Teubner in Leipzig 1913

Inhaltsverzeichnis.

Vorwort zur ersten Auflage.

Diese Schrift verfolgt einen doppelten Zweck.

Erstens soll sie die Erkenntnis der weltwirtschaftlichen Lage Deutschlands und der vielen neuen wirtschaftlichen und politischen Aufgaben, die der Weltverkehr dem deutschen Volke stellt, fördern.

Sie soll aber auch zweitens — im Sinne unseres großen Vorkämpfers Friedrich List — die Freude am gewaltigen Können des deutschen Volkes wecken und heben, das Vertrauen der Deutschen auf ihre Kraft stärken und damit ihren Willen zu noch größeren Taten in der Weltwirtschaft und Weltpolitik kräftigen.

Frankfurt a. M., den 4. Dezember 1907.

Der Verfasser.

Vorwort zur zweiten Auflage.

Die erste Auflage dieser Schrift ist, mit wenigen Ausnahmen, von der Kritik überaus freundlich aufgenommen worden. Einige Anregungen, die hierbei gegeben wurden, habe ich in der zweiten Auflage zu berücksichtigen versucht. So sind die im ersten Hauptabschnitt enthaltenen statistischen Tabellen, die manche Leser gestört haben, zum großen Teil in den Anhang verwiesen worden. Auch dem Wunsche eines Kritikers, ich möchte die „zu stark subjektive Färbung" einiger auf die Handelspolitik bezüglichen Stellen bei einer Neuauflage „mildern", habe ich zu entsprechen versucht, weil ich mich überzeugt habe, daß aus ihnen eine einseitige, parteipolitische Stellungnahme herausgelesen werden konnte. Parteipolitik sollte aber aus dieser Schrift streng ausgeschlossen sein.

Durch die Umarbeitung der angefochtenen Stellen ist an dem Grundcharakter dieser Schrift, deren Aufgaben ich im Vorwort zur ersten Auflage kurz skizziert habe, nichts geändert worden. In meiner „optimistischen" Auffassung der Stellung Deutschlands in der Weltwirtschaft bin ich durch die neuere wirtschaftliche und politische Entwicklung der großen Kulturstaaten der Erde nur bestärkt worden.

Weltwirtschaft und Weltpolitik sind so eng miteinander verbunden, daß weltpolitische Betrachtungen von den weltwirtschaftlichen nicht losgelöst werden konnten. Die wirtschaftlichen Fragen stehen aber in dieser Schrift immer an erster Stelle. Die wichtigsten weltpolitischen Probleme habe ich in einem vor kurzem erschienenen Büchlein „Grundzüge der auswärtigen Politik Deutschlands" (Verlag von Eugen Diederichs, Jena), das als eine Ergänzung dieser Schrift gelten kann, ausführlicher behandelt.

Bei der Neubearbeitung des Stoffes ist das in der ersten Auflage enthaltene ältere statistische Material durch das neueste, das zur Verfügung stand, ersetzt worden.

Frankfurt a. M., den 4. Juli 1912.

Der Verfasser.

Einleitung.

Die Weltwirtschaft ist eins der größten Wunderwerke menschlichen Scharfsinns, menschlicher Geschicklichkeit und menschlicher Kühnheit, ein überaus kunstvolles, fein gegliedertes und in seiner riesenhaften Größe kaum übersehbares Gebilde. In der Weltwirtschaft vereinigen sich Millionen und Millionen Menschen zu gemeinsamer Arbeit, Millionen verschiedener Abstammung, verschiedenen Glaubens, verschiedener Kultur. Es ist ein gewaltiges Schaffen, teils füreinander, teils gegeneinander, anscheinend planlos, in Wirklichkeit sehr wohl ausgedacht, auf den Erfahrungen von Jahrhunderten begründet.

Schon vor hundert Jahren haben die Wunder des damals noch so bescheidenen Weltverkehrs den Dichter gefesselt:

Fern auf der Reede ruft der Pilot, es warten die Flotten,
Die in der Fremdlinge Land tragen den heimischen Fleiß;
Andre ziehn frohlockend dort ein mit den Gaben der Ferne,
Hoch von dem ragenden Mast wehet der festliche Kranz.
Siehe, da wimmeln die Märkte, der Krahn von fröhlichem Leben,
Seltsamer Sprachen Gewirr braust in das wundernde Ohr.
Auf den Stapel schüttet die Ernten der Erde der Kaufmann,
Was dem glühenden Strahl Afrikas Boden gebiert,
Was Arabien kocht, was die äußerste Thule bereitet,
Hoch mit erfreuendem Gut füllt Amalthea das Horn.

Unzählbar und äußerst kunstvoll verschlungen sind die wirtschaftlichen Fäden, welche die ganze Erde überziehen. Der ungeschulte Geist, der nur einen kleinen Teil des Netzwerkes wahrnehmen kann, der nicht sieht, wo es angefertigt und wie es in Bewegung gesetzt wird, fühlt sich ihm gegenüber oft fassungslos und bedrückt. Geheimnisvoll und launenhaft erscheint ihm die Macht, die das riesenhafte volks- und weltwirtschaftliche Getriebe regelt, die oft unerwartet segen- oder unheilbringend in das wirtschaftliche Leben des einzelnen Menschen und der Völker eingreift.

Man hat dieser Macht einen eigenen Namen gegeben: Konjunktur. Die Konjunktur ist der Inbegriff aller volks- und weltwirtschaftlichen Beziehungen. Das Wort ist ein zusammenfassender Ausdruck für das unendlich vielgestaltige, freundliche oder feindliche, harmonische oder disharmonische Aufeinanderwirken der zahllosen wirtschaftlichen Einzelkräfte.

Die volkswirtschaftliche Wissenschaft hat die Aufgabe, das Zusammenwirken dieser Kräfte darzustellen und zu erklären. Hierzu bedarf es vor allem einer Schärfung des Blickes zur Erkenntnis der unendlichen Fülle von Beziehungen, die den einzelnen Wirtschaftsbetrieb, auch den kleinsten und bescheidensten, in der modernen Welt mit Millionen anderer Wirtschaftsbetriebe verbinden.

Jeder Gewerbetreibende sieht leicht ein, daß sein Betrieb abhängig ist von den Lieferanten der Rohmaterialien, von den Fabrikanten der Werkzeuge und Maschinen, von der Lage des Geldmarktes, von den Verhältnissen auf dem Arbeitsmarkte, von der Kaufkraft der Konsumenten, von der auswärtigen Handelspolitik, von der Steuerpolitik des Staates und der Gemeinden usw. Aber die wenigsten können sich vorstellen, wie unendlich weit die Abhängigkeit tatsächlich reicht. Und doch genügt eine einfache Überlegung zur Erkenntnis, daß bereits bei der Ermöglichung des Konsums der gewöhnlichsten Gegenstände Millionen von Menschen mitwirken. Wie viele Menschen haben zusammengewirkt, um mir den Rock, den ich trage, zu verschaffen? Das Rohmaterial, die Wolle, stammt aus Südafrika oder Australien; für mich hat dort der Schafzüchter gearbeitet, aber nicht er allein, sondern in Verbindung mit anderen Menschen, die ihn mit Lebensmitteln aller Art, sowie mit Werkzeugen versahen. Für mich hat der Ozeandampfer die Wolle nach Europa gebracht. Welche unübersehbaren Scharen von Menschen haben Arbeit geleistet, um diese Fahrt über das Meer zu ermöglichen, die Hersteller des Dampfers, die Lieferanten der Roh- und Hilfsstoffe, der Werkzeuge und Ausrüstungsgegenstände, die Seeleute, die Reeder, die Männer der Wissenschaft! Weitere ebenso unzählbare Scharen geben dann der Wolle Gelegenheit, ihren Weg auf Eisenbahnen und Landstraßen aus den Lagerhäusern durch Spinnerei, Weberei und Färberei zum Schneider zu nehmen, der mir endlich, auf die Arbeit der Lieferanten von Lebensmitteln, Hilfsstoffen und Werkzeugen gestützt, den fertigen Rock liefert. Mitgewirkt hat bei der Herstellung des Rockes auch der Staat mit seinen mannigfachen Einrichtungen, Polizei, Gericht, Schule, Heer usw., indem er für die zur Produktion notwendige Sicherheit und Schulung sorgte. Wohin wir den Blick auch wenden mögen, überall begegnen wir demselben wundervollen Zusammenarbeiten von Millionen, die sich doch untereinander nur zum geringsten Teile kennen. Die nationale und internationale Arbeitsteilung ist die Grundlage des Weltverkehrs und der Weltwirtschaft.

Nicht immer war das wirtschaftliche Leben so überaus verwickelt. Es hat Zeiten gegeben, in denen es sehr einfach verlief. Da wurde z. B. der Rock, bei dessen Herstellung jetzt jene unzählbaren Menschenmengen mitwirken, vollständig im eigenen Wirtschaftsbetriebe hergestellt. Man züchtete die Schafe selbst, entnahm ihnen die Wolle, spann, webte, färbte, schnitt und nähte, alles im eigenen Wirtschaftsbetriebe. Später nahm man, teilweise schon sehr früh, wenigstens zur Erlangung der notwendigsten Werkzeuge, die Mitwirkung Außenstehender in Anspruch. Die Arbeitsteilung, deren großer Nutzen bald offenbar wurde, wurde darauf allmählich in steigendem Maße ausgebildet. Immer mehr besondere Gewerbe kamen auf. Immer größer wurde der Kreis der Personen, die bei der Herstellung von Gebrauchsgegenständen zusammenwirkten. Entsprechend dieser Verschiedenartigkeit des Wirtschaftslebens zu verschiedenen Zeiten unterscheidet die Wissenschaft eine Reihe von „Wirtschaftsstufen". Die Benennung ist nicht immer einheitlich; die Namen erklären sich in diesem Zusammenhange selbst. Man unterscheidet die Stufen der „geschlossenen Hauswirtschaft", der „Dorfwirtschaft", der „Stadtwirtschaft", der „Territorialwirtschaft", der „Volkswirtschaft" und der „Weltwirtschaft".

Die Stufe der Weltwirtschaft ist die letzte in dieser Entwicklungsreihe. Nur die moderne Kulturwelt hat die höchste Stufe erreicht. Andere Gruppen der Menschheit sind auf niederen Wirtschaftsstufen stehen geblieben. Es wird zwar kaum eine Völkerschaft geben, die vom Weltverkehr ganz unberührt geblieben wäre; aber in vielen Gegenden der Erde tragen doch die wirtschaftlichen Verhältnisse noch so vorwiegend die Merkmale haus-, dorf-, stadt- oder volkswirtschaftlicher Organisation, daß bei ihnen die weltwirtschaftliche Betrachtungsweise nicht am Platze wäre. Umgekehrt ist es in den modernen Industrie- und Handelsstaaten. Enthalten sie auch noch zahlreiche zum Teil erhebliche Reste aus früheren Wirtschaftsstufen, besteht auch in ihnen noch eine Fülle lokaler und nationaler Eigentümlichkeiten, wird auch in ihnen der größte Teil ihrer Produkte noch selbst konsumiert und der größte Teil der Konsumartikel noch selbst hergestellt, so sind sie doch schon so eng in die Weltwirtschaft verflochten, daß alle ihre wirtschaftlichen Verhältnisse nur vom weltwirtschaftlichen Standpunkte verstanden und beurteilt werden können.

Der Weltverkehr umspannt die ganze Erde; aber seine Fäden sind nicht überall gleich dicht. Es gibt eine Reihe von größeren oder kleineren Verkehrsmittelpunkten, ungleichmäßig über die Erdteile verstreut. Bei weitem die meisten Fäden des Weltverkehrs laufen in der alten Kulturwelt, d. h. in Europa, zusammen. Trotz der großen Bedeutung, welche

1*

die überseeischen Wirtschaftsgebiete, vor allem das nordamerikanische, in neuerer Zeit gewonnen haben, ist „unser Kontinent, der alte," unbestritten das weltwirtschaftliche Hauptgebiet. Hier ist der Mittelpunkt des gewaltigen Welthandels und Weltverkehrs. Die wirtschaftliche Leistungsfähigkeit Europas wird gegenwärtig von keinem anderen gleich großen Teile der Erde auch nur annähernd erreicht. Von den drei wirtschaftlichen „Großmächten" der Erde sind zwei in Europa, England und Deutschland; mit ihnen wetteifert nur die nordamerikanische Union. Die darauf, ihrer Bedeutung in der Weltwirtschaft entsprechend, folgenden Mächte, vor allen Frankreich, sind wieder sämtlich europäische. China und Japan erscheinen erst in sehr weitem Abstande.

Deutschland hat das Glück, das „Herz" Europas zu bilden. Es wird daher vom Weltverkehr besonders stark durchflutet. Seine Volkswirtschaft ist mit derjenigen anderer Länder aufs engste verbunden. Kein anderes Volk der Erde, mit der einzigen Ausnahme des englischen, hat einen so dringenden Anlaß, sich mit den Hauptfragen der Weltwirtschaft zu beschäftigen, wie das deutsche.

Die Stellung Deutschlands in der Weltwirtschaft zu kennzeichnen, ist die Aufgabe der vorliegenden Schrift. Es wird zunächst der Umfang der wirtschaftlichen Beziehungen Deutschlands zu den übrigen Ländern der Erde dargestellt. Daran schließt sich eine Betrachtung der Ursachen der modernen wirtschaftlichen Entwicklung Deutschlands. Es wird dann weiter untersucht, inwiefern die Beteiligung Deutschlands an der Weltwirtschaft vorteilhaft oder nachteilig ist. Endlich werden die Aufgaben skizziert, welche Deutschlands Stellung in der Weltwirtschaft mit sich bringt. Die Verhältnisse in fremden Ländern müssen häufig zum Vergleiche mit den deutschen herangezogen werden.

I. Die gegenwärtige Stellung Deutschlands in der Weltwirtschaft.

Die wirtschaftlichen Beziehungen Deutschlands zum Auslande sind äußerst mannigfaltig. Sie umfassen hauptsächlich Ein- und Ausfuhr von Waren, Kapitalübertragungen, Eisenbahn-, Schiffs-, Post- und Telegraphenverkehr, Reisen, Ein- und Auswanderung.

Über einige dieser Beziehungen Deutschlands zum Auslande sind wir ziemlich genau unterrichtet, weil die Vorgänge mit großer Sorgfalt amtlich verzeichnet und die gesammelten Materialien von der Statistik regelmäßig bearbeitet werden; bei anderen sind wir auf Schätzungen angewiesen, die häufig anfechtbar sind. Gute Grundlagen haben wir für die Berechnung der Ein- und Ausfuhr, des Schiffsverkehrs, der Ein- und Auswanderung. Wenig Zuverlässiges wissen wir über Kapitalanlagen und Reiseverkehr. Jedoch dürfte in fast allen Fällen das vorhandene Material zu einer Kennzeichnung der Stellung Deutschlands in der Weltwirtschaft in großen Zügen, wie hier beabsichtigt, ausreichen.

1. Produktion.

Die internationalen wirtschaftlichen Beziehungen beruhen zum großen Teil auf der Verschiedenheit der Produktion der einzelnen Länder. Es soll daher hier zunächst kurz die Frage behandelt werden, welcher Art und wie groß der Anteil Deutschlands und anderer Länder an der Weltproduktion ist.

Leider besitzen wir keine zuverlässigen Angaben über die Größe der Gesamtproduktion der einzelnen Länder. Die internationale Produktionsstatistik ist sehr unvollkommen; sie liefert nur wenige Bruchstücke, die zu Vergleichen benutzt werden können. Es ist ja auch außerordentlich schwierig, die Größe der gesamten Warenproduktion eines Landes festzustellen; selbst in den Staaten mit vorzüglichen statistischen Ämtern ist man bisher noch nicht dazu gekommen. Einigermaßen brauchbar sind die Angaben über die landwirtschaftliche und Bergbauproduktion. Sobald aber die Rohstoffe zur Verarbeitung gelangen, so entziehen sie sich mehr und mehr der Erfassung durch den Statistiker. Infolgedessen wissen wir über den Umfang der Herstellung von Halb- und Ganzfabrikaten nichts oder fast nichts Genaues. Diese Tatsache zwingt zu äußerster Vorsicht bei internationalen Vergleichen; denn die Leistungsfähigkeit der einzelnen Völker liegt oft auf ganz verschiedenen Gebieten; gerade der Weltverkehr bringt diese Differenzierung und Spezialisierung mit sich. Wenn wir wenige statistische Angaben über ein Gebiet besitzen, so denkt der oberflächliche Beschauer vielfach, dieses Gebiet sei unbedeutend und wertlos, während es vielleicht in Wirklichkeit zu den wichtigsten gehört. Es ist namentlich schwer, die Leistungen eines vorwiegend Rohstoffe erzeugenden Landes mit denen eines vorwiegend Rohstoffe verarbeitenden Landes zu vergleichen, weil die ersteren zum größten, die zweiten nur zum kleinsten Teile meßbar oder wenigstens bis jetzt tatsächlich gemessen sind. Stellt man die verfügbaren Zahlen nebeneinander, so erscheint nicht selten die Leistungsfähigkeit des Rohstoffstaates viel größer als die des Industriestaates, während vielleicht das Gegenteil richtig ist.

Immerhin ist es von Interesse, einige besonders wichtige Zahlen zusammenzustellen. Sie sind fast sämtlich dem „Statistischen Jahrbuch für das Deutsche Reich", das ein ausgezeichnetes Hilfsmittel für volks- und weltwirtschaftliche Studien ist, entnommen.

Deutschland ist einer der größten Industrie- und Handelsstaaten der Erde. Seine Hauptleistungsfähigkeit liegt nicht mehr, wie früher, auf landwirtschaftlichem, sondern auf gewerblichem und industriellem Gebiete. Bei der letzten großen Erhebung im Jahre 1907 wurden in den Berufsabteilungen Industrie, Handel und Verkehr 56, dagegen in der Abteilung Landwirtschaft nur noch 29 Prozent Berufszugehörige gezählt. Diese Zusammensetzung der in Deutschland geleisteten Arbeit hat statistisch den Nachteil, daß ihr Wert in vielen wichtigen Zweigen nicht berechnet werden, und daß daher die zweifellos bestehende Überlegenheit Deutschlands auf zahlreichen gewerblichen und industriellen Gebieten nicht zahlenmäßig festgestellt werden kann. Was die deutsche so hoch entwickelte „Fertigindustrie" an Werten erzeugt, entzieht sich gerade wegen ihrer Vielgestaltigkeit und Reichhaltigkeit der statistischen Erfassung. Natürlich bestehen in England, Frankreich, Nordamerika usw. die gleichen Schwierigkeiten, und so muß man sich bei internationalen Vergleichen mit der allgemeinen Feststellung begnügen, daß die genannten Länder hinsichtlich ihrer industriellen Leistungsfähigkeit unbestritten an der Spitze stehen.

Weniger bekannt ist die Tatsache, daß die großen „Industrie- und Handelsstaaten" auch in wichtigen Zweigen der landwirtschaftlichen und Rohstoffproduktion ganz Hervorragendes leisten. Vor allem gilt dies von Deutschland und Frankreich, weniger von England. Die nordamerikanische Union ist sogar noch vorwiegend Lieferantin von Rohstoffen und Nahrungsmitteln. Wie stark die Produktivität Europas, dem man vielfach „Kräfteerschöpfung" und „Altersschwäche" nachsagt, auf dem Gebiete der Landwirtschaft und des Bergbaues ist, wird manchen geradezu überraschen. So sehr sind wir geneigt, die Leistungsfähigkeit der überseeischen Gebiete, besonders Nordamerikas, zu überschätzen. (Die genaueren statistischen Angaben finden sich im Anhang, S. 115—118.)

Die Erzeugung von Brotgetreide (Weizen und Roggen) betrug in den letzten Jahren, über die statistische Angaben vorliegen, in der nordamerikanischen Union 20, in Deutschland 15, in Frankreich 10, in Österreich-Ungarn 10, in England 2, in Rußland nicht weniger als 40 Millionen Tonnen; dazu kamen in Britisch-Indien noch 8, in Argentinien 4 und in Kanada 4 Millionen Tonnen.

Die Gerste- und Halfererernte (zusammengerechnet) betrug in der nordamerikanischen Union 18 (dazu in Kanada 6, in Argentinien 1) Millionen Tonnen, dagegen in Deutschland 11, in Frankreich 7, in Österreich-Ungarn 7, in England 5, in Rußland 26 Millionen Tonnen.

Anders verhält es sich mit der Maisproduktion. In diesem Zweige leisten die europäischen Volkswirtschaften verhältnismäßig wenig (Österreich-Ungarn 4, Italien 2, Rußland 1 Million Tonnen); die bei weitem größte Maisernte (67 Millionen Tonnen) haben die Vereinigten Staaten von Amerika; daneben kommt noch Argentinien mit 3 Millionen Tonnen in Betracht.

In der Kartoffelproduktion steht Deutschland an der Spitze. Es erntete jährlich etwa 45 Millionen Tonnen Kartoffeln. Auf England (einschl. Irland) entfielen durchschnittlich etwa 6 Millionen Tonnen, auf Frankreich durchschnittlich 16 Millionen Tonnen, auf Österreich-Ungarn rund 18,5 Millionen Tonnen, auf Rußland durchschnittlich 32,5 Millionen Tonnen, auf die Vereinigten Staaten von Amerika rund 7,5 Millionen Tonnen Kartoffeln.

Auch der Anbau von Zuckerrüben ist in Deutschland am höchsten entwickelt. Hier erzeugt man jährlich fast 2 Millionen Tonnen Zucker, gegenüber je 1,2 in Österreich-Ungarn und Rußland und 0,7 Millionen Tonnen in Frankreich. In den Vereinigten Staaten von Amerika produziert man fast gleichviel Zucker aus Rüben wie aus Rohr, im ganzen ungefähr 0,8 Millionen Tonnen. Dazu kommt allerdings die sehr bedeutende Zuckergewinnung (aus Zuckerrohr) auf Kuba, Portoriko und Hawaij. Kuba erzeugte in den letzten Jahren fast so viel Zucker wie Deutschland, Portoriko 0,2—0,3 Millionen Tonnen und Hawaij etwa 0,5 Millionen Tonnen. Der größte Produzent von Rohrzucker ist Ostindien; es entfallen auf Britisch-Indien 2,1 und auf Niederländisch-Indien (Java) 1,3 Millionen Tonnen.

In der Viehhaltung verschiebt sich das Verhältnis etwas zuungunsten Europas, da in dem dicht bevölkerten Erdteil entsprechend weniger Platz für Viehherden vorhanden ist. Immerhin besitzt Europa wohl ebenso viele Pferde wie die außereuropäische Welt (Rußland 24, Deutschland 4, Frankreich 3, Österreich-Ungarn 4, England 2, Vereinigte Staaten von Amerika 21, Argentinien 8 Millionen). Der Rindviehbestand Europas (Rußland 37, Deutschland 21, Österreich-Ungarn 16, Frankreich 14, England 12 Millionen) kommt dem Amerikas (Vereinigte Staaten von Amerika 69, Argentinien 29, Uruguay 8, Kanada 7 Millionen) ungefähr gleich; die höchste Ziffer, 122 Millionen, findet sich in Indien. Die Schweinezucht scheint in Europa noch bedeutender zu sein als in Amerika (Deutschland 22, Rußland 12, Österreich-Ungarn 9, Frankreich 7, England 4, Vereinigte Staaten von Amerika 48, Kanada 3 Millionen). Dagegen sind die Bestände Europas an Schafen und Ziegen erheblich geringer als die der übrigen Teile der Erde (Rußland 46, England 31,

Frankreich 19, Spanien 18, Italien 14, Deutschland 11, Österreich-Ungarn 11 Millionen; dagegen die Vereinigten Staaten von Amerika 59, Argentinien 71, Uruguay 26, Britisch-Indien 54, Australien 116, Kapland 19 Millionen).

Kohlenproduzenten großen Maßstabes sind nur die drei wirtschaftlichen „Großmächte", deren Kraft gerade durch ihren Kohlenreichtum wesentlich bedingt ist. Am größten ist gegenwärtig die Kohlengewinnung in den Vereinigten Staaten von Amerika; sie beträgt rund 420 Millionen Tonnen gegenüber 270 in England und 220 in Deutschland. Rechnet man die englischen und deutschen Zahlen zusammen, so übertreffen sie die amerikanischen. Als weitere Kohlenproduzenten kommen noch Österreich-Ungarn (50), Frankreich (37), Rußland (25) und Belgien (24 Millionen Tonnen) in Betracht.

Der bedeutendste Eisenlieferant der Erde war lange England; heute steht es mit einer jährlichen Produktion von 10 Millionen Tonnen Roheisen erst an dritter Stelle, hinter der nordamerikanischen Union, die es auf nicht weniger als 28 Millionen Tonnen gebracht hat, und hinter Deutschland mit 15 Millionen Tonnen. In weitem Abstande folgen Frankreich mit 4, Rußland mit 3, Österreich-Ungarn und Belgien mit je 2 Millionen Tonnen Roheisen. Ähnlich ist das Verhältnis in der Erzeugung von Stahl. An der Spitze stehen die Vereinigten Staaten von Amerika mit 27 Millionen Tonnen; dann folgen Deutschland mit 14 und England mit 6 Millionen Tonnen, darauf die anderen eben genannten Staaten mit 1—4 Millionen Tonnen.

Die größten Zinkproduzenten der Erde sind Deutschland und die nordamerikanische Union (mit je 0,22 Millionen Tonnen); ihnen kommt nur Belgien (0,17) nahe. Die übrigen europäischen Staaten erzeugen zusammen noch nicht so viel Zink wie Belgien.

In der Bleiproduktion steht Deutschland mit 0,17 Millionen Tonnen an dritter Stelle, hinter der nordamerikanischen Union mit etwa 0,4 und Spanien mit 0,19 Millionen Tonnen. Außerdem liefern noch Mexiko und Australien größere Mengen, zusammen etwa 0,2 Millionen Tonnen.

Auf dem Kupfermarkt haben die Vereinigten Staaten von Amerika eine ganz einzigartige Stellung. Sie liefern in neuerer Zeit fast eine halbe Million Tonnen Kupfer. Alle übrigen Länder stehen dagegen weit zurück. Soweit sie überhaupt als Kupferproduzenten in Betracht kommen, wie England, Spanien, Mexiko, Chile, Japan und Australien, erzeugen sie kaum ein Zehntel oder ein Achtel jener gewaltigen Menge. Deutschland liefert alljährlich etwa 35 000 Tonnen Kupfer.

Bei der Edelmetallproduktion fallen von den europäischen Staaten nur Rußland als Goldproduzent (50 000 kg) und Deutschland und Spanien als Silberproduzenten (etwa 170 000 bez. 140 000 kg) mit größeren Beträgen ins Gewicht. Die Hauptfundstätten der edlen Metalle liegen außerhalb Europas. Das Gold wird vor allem in Südafrika (260 000 kg), Nordamerika (200 000 kg) und Australien (110 000 kg) gewonnen, das Silber in Nordamerika (Mexiko 2,3, Vereinigte Staaten 1,7, Kanada 0,8 Million kg), Südamerika (0,5 Millionen kg) und Australien (0,6 Millionen kg).

Internationale statistische Vergleiche der sog. Fertigindustrie sind mangels genügender Zählungen nicht möglich. Nur in der Baumwollindustrie lassen sich einige Zahlen zusammenstellen. Hier kennt man wenigstens die Zahl der in den einzelnen Ländern vorhandenen Spindeln. Ihre Gesamtzahl betrug in der letzten Zeit (1912) rund 139 Millionen, von denen 97 auf Europa und 42 auf die übrigen Erdteile entfielen. Die bei weitem meisten Spindeln sind in England (55 Millionen); auf Deutschland kommen 11, auf Rußland 9 und auf Frankreich 7 Millionen Spindeln. Von den außereuropäischen Spindeln besitzen die Vereinigten Staaten von Amerika 30, Indien 6 und Japan 2 Millionen.

Der Wert des Getreides und der Kartoffeln, die in Deutschland jährlich geerntet werden, betrug vor einem Jahrzehnt etwa 4½ Milliarden Mark; in den letzten Jahren (1908—1910) dürfte er sich, da sowohl die Erntemengen wie auch die Preise erheblich gestiegen sind, auf 6½ Milliarden Mark belaufen haben.

Ein Vergleich dieser Ziffern mit den von den einzelnen Zweigen der deutschen Industrie erzeugten Werten ist wegen der bereits erörterten Mangelhaftigkeit der industriellen Produktionsstatistik nicht möglich. Immerhin ist ein Heranziehen der Ergebnisse einiger amtlicher Erhebungen über die deutsche Industrie von Interesse. Nach der ersten umfassenderen (im Anhange mitgeteilten) Produktionsstatistik betrug im Jahre 1897 der Wert der von der deutschen Textilindustrie hergestellten Ganzfabrikate fast 2 Milliarden Mark. Die Erzeugnisse des deutschen Bergbaues (Steinkohlen, Braunkohlen, Erze, Salze) und der deutschen chemischen Industrie stellten je eine Milliarde Mark an Wert dar, die der Maschinenindustrie und der Papierindustrie (einschl. Papierverarbeitung) je ⅔ Milliarden, die der Leder- und Tabakindustrie je ⅓ Milliarde. Im Jahre 1908 betrug der Wert der in Deutschland geförderten Steinkohlen 1½ Milliarden Mark; er hatte sich seit 1897 mehr als verdoppelt. Die Roheisenerzeugung Deutschlands ergab 1907—1909 einen Wert von ¾ Milliarden, im Anfang der 90er Jahre erst ¼ Milliarde Mark. Der

Wert der Halbfabrikate (Garne) der deutschen Textilindustrie stieg von 835 Millionen Mark im Jahre 1897 auf rund 1250 Millionen Mark im Jahre 1907.

Bei der Beurteilung dieser Zahlen ist zu beachten, daß sie nicht etwa die von den einzelnen Zweigen der Landwirtschaft und der Industrie erzeugten neuen Werte, sondern die Gesamtwerte der von ihnen auf den Markt gebrachten Waren darstellen. In dem Wert der Ganzfabrikate der Textilindustrie (1915 Millionen Mark) z. B. steckt der Wert der bei der Fabrikation verarbeiteten Garne und Hilfsstoffe, der verbrauchten Kohlen, teilweise der benutzten Maschinen und Werkzeuge usw. Man darf also nicht etwa die Zahlen addieren, um den Gesamtwert der Produktion der einzelnen Erwerbszweige Deutschlands zu berechnen; bei einer solchen Addition würden zahlreiche Posten mehrfach gezählt werden.

2. Handel.

Nach der amtlichen deutschen Statistik hatte der Außenhandel Deutschlands in den letzten Jahren folgenden Umfang:

	Einfuhr	Ausfuhr
1909 . . .	8860 Millionen Mark	6859 Millionen Mark
1910 . . .	9310 " "	7644 " "
1911 . . .	10007 " "	8224 " "

Es wurden also jährlich Waren im Werte von fast 9½ Milliarden Mark vom Auslande nach Deutschland gebracht und von etwa 7½ Milliarden von Deutschland an das Ausland geliefert.

Was bedeuten diese Zahlen? Welche Rolle spielen diese Warenumsätze im gesamten wirtschaftlichen Verkehr Deutschlands? Es ist nicht leicht, sich hiervon eine klare Vorstellung zu machen, da uns bei solchen Riesensummen die Anschaulichkeit fehlt, und alle Vergleiche, die sich anstellen lassen, unvollkommen sind.

Am besten wäre ein Vergleich der Außenhandels- mit der Produktionsstatistik. Da diese aber, wie soeben bemerkt, sehr lückenhaft ist, so können nur Teilvergleiche angestellt werden.

Der Wert der deutschen Jahresausfuhr ist gegenwärtig ungefähr um eine Milliarde Mark höher als der Wert des Weizens, des Roggens, der Gerste, des Hafers und der Kartoffeln, die im ganzen Deutschen Reiche geerntet werden.

Den Wert der Ganzfabrikate der Textilindustrie, der chemischen Industrie und des Bergbaus Deutschlands schätzte man, wie wir sahen, für das Jahr 1897 auf 4 Milliarden Mark; gegenwärtig dürfte die Leistungsfähigkeit dieser drei hochbedeutenden Industrien erheblich größer sein. Es ist aber wohl ausgeschlossen, daß der Wert ihrer Erzeugnisse an den der deutschen Einfuhr (fast 10 Milliarden Mark) auch nur annähernd heranreicht. Der Wert der im Jahre 1910 in Deutschland eingeführten rohen Baumwolle (561 Millionen Mark) überstieg bedeutend den Gesamtwert der Produkte der deutschen Lederindustrie (336 Millionen Mark) im Jahre 1897. Der 1910 eingeführte rohe Kaffee (176 Millionen Mark) übertraf an Wert die Produkte der ganzen deutschen Glasindustrie (115 Millionen Mark) im Jahre 1897 erheblich. Der Wert der 1910 aus Deutschland ausgeführten Baumwollwaren (365 Millionen Mark) war größer als der Wert der Produkte der deutschen Tabakindustrie (325 Millionen Mark) im Jahre 1897.

Ein anderer Vergleich: In Preußen war für das Jahr 1911 das Einkommen aller Zensiten, also aller derjenigen, welche ein Einkommen von über 900 Mark hatten, auf rund 14⅓ Milliarden Mark veranlagt. Man würde demnach zur Bezahlung der im Jahre 1911 in Deutschland eingeführten Waren mehr als $^2/_3$ dieses Gesamteinkommens der preußischen Steuerzahler gebrauchen. Das Gesamteinkommen der deutschen Bevölkerung — hier ist also die große Masse der kein Einkommen Versteuernden einbegriffen — wurde nach sorgfältigen Schätzungen (R. E. May) für das Jahr 1907 auf rund 41 Milliarden Mark veranschlagt. Es muß hier von der Geldform des Einkommens abgesehen werden; man kann sich den Vorgang des Einkommenbezugs etwa so vorstellen, daß im Jahre 1907 Gebrauchs- und Verbrauchsgegenstände im Betrage von 41 Milliarden Mark in den Besitz der Bevölkerung des Deutschen Reiches gelangten. Von diesen Gegenständen stammte mehr als ein *Fünftel*, Waren im Werte von 9 Milliarden Mark, aus dem Auslande. Anders ausgedrückt, von den deutschen Einfuhrwaren konnten damals etwa *vierzehn Millionen Deutsche* „leben".

Auf Grund anderer Berechnungen (G. Gothein) ist man zu dem Ergebnis gelangt, daß um 1900 etwa der fünfte Teil des deutschen Volkes direkt am Außenhandel (Ausfuhrindustrie, Ausfuhrhandel, Einfuhrhandel, Zwischenhandel, internationaler Verkehr) beteiligt war. Dies kann man ebenfalls so ausdrücken, daß um 1900 etwa zwölf Millionen Deutsche vom Außenhandel „lebten". Die Schätzungen stimmen also ungefähr überein.

Interessant ist ferner ein Vergleich der Milliardenwerte des deutschen Außenhandels mit den Kosten der Unterhaltung des deutschen Heeres. Die ordentlichen Ausgaben für das deutsche Landheer betrugen in den letzten Jahren durchschnittlich 700 Millionen Mark, also etwa ein Zehntel des Wertes der deutschen Ausfuhr.

Bis in die kleinste deutsche Arbeiterhütte erstreckt sich der Weltverkehr. Im bescheidensten Haushalt finden sich heute Produkte fast aller Länder der Erde vereinigt. Wer sich nur ein wenig in seiner alltäglichen Umgebung umsieht, stößt überall auf Gegenstände, die ganz oder teilweise aus dem Auslande stammen. Er findet — auch im Hause des wenig Bemittelten — Brot aus russischem, rumänischem, nordamerikanischem, argentinischem oder indischem Korn, Eier aus Italien oder Rußland, Fische von der norwegischen oder schottischen Küste, Fleisch, Speck und Schmalz aus den Vereinigten Staaten, Käse aus Holland oder der Schweiz, Südfrüchte aus Spanien, Italien oder der Türkei, Öl aus Frankreich oder Italien, Reis aus Ostindien, Kaffee aus Zentral- oder Südamerika oder aus Holländisch-Indien, Kakao aus Afrika oder Südamerika, Gewürze aus allen tropischen Gegenden, Kleidungsstoffe aus amerikanischer, ägyptischer oder indischer Baumwolle, aus südafrikanischer oder australischer Wolle, aus russischem Flachs, vielleicht in England oder Frankreich gesponnen und gewebt, Steinkohlen aus England, Braunkohlen aus Österreich, Petroleum aus Nordamerika, Tabak aus Indien und Amerika, metallene Geräte, die aus spanischen, schwedischen, amerikanischen, asiatischen und australischen Rohstoffen angefertigt sind, Glaswaren aus Österreich oder Belgien, Schmuckgegenstände aus Frankreich, Belgien, England oder Japan usw. usw. Aber auch die Waren, welche mit deutscher Arbeit aus deutschen Rohstoffen hergestellt werden, sind gegenwärtig fremden Einflüssen unterworfen. Ihre Herstellung, ihr Preis, ihre Absatzfähigkeit hängen vielfach von ausländischen Verhältnissen ab. Es dürfte in Deutschland wohl kaum eine Ware geben, deren Produktion nicht in irgendwelchen Beziehungen zu ausländischen Marktverhältnissen stände. Denken wir ferner an die Rolle des Geldes. Als Wertmesser benutzen wir Edelmetalle, die zum allergrößten Teil im Auslande produziert werden. Werden die Edelmetalle aus irgendeinem uns fast immer fernliegenden Grunde in zu großen oder zu geringen Mengen produziert, so geraten auch bei uns die Warenwerte ins Schwanken; und damit erhöht oder erniedrigt sich unser Realeinkommen. Kurz, es gibt in unseren modernen Industriestaaten niemand, der nicht tausendfache wirtschaftliche Beziehungen zu den fernsten Gegenden der Erde hätte.

Unter den Waren, welche Deutschland vom Auslande bezieht, überwiegen die Rohstoffe für Industriezwecke und die Nahrungs- und Genußmittel. Dagegen sind unter den deutschen Ausfuhrwaren die Fabrikate am wichtigsten. Die Hauptziffern sind folgende (Millionen Mark):

	Einfuhr			Ausfuhr		
	1909	1910	1911	1909	1910	1911
Rohstoffe für Industriezwecke (einschl. Halbfabrikate) . .	4696	5083	5271	1704	1918	2030
Fabrikate	1276	1368	1442	4217	4795	5278
Nahrungs- u. Genußmittel	2324	2216	2761	662	751	786
Vieh	231	267	232	11	10	12
Edelmetalle	333	376	301	264	169	118
	8860	9310	10007	6858	7643	8224

Am deutlichsten zeigt sich die verschiedenartige Zusammensetzung der Ein- und Ausfuhr Deutschlands, wenn man die wichtigsten Waren auf beiden Seiten einander gegenüberstellt. Die Tabellen sind im Anhang abgedruckt. Sie enthalten die Waren, von denen Mengen im Betrage von mehr als 50 Millionen Mark im Jahre 1911 ein- bzw. ausgeführt wurden. Auf der Einfuhrliste stehen fast nur Rohstoffe und Lebensmittel (rohe Baumwolle, rohe Schafwolle, Weizen, Gerste, Kautschuk und Guttapercha, rohes Kupfer, Rindshäute, Pelztierhäute, Palmkerne, Kopra, roher Kaffee, Eier, Eisenerze, Steinkohlen, Rohseide, gesägtes Bau- und Nutzholz, Chilesalpeter, Wollengarn, Kleie, rohes Bau- und Nutzholz, Pferde, Tabakblätter, Baumwollengarn, Leinsaat usw.), auf der Ausfuhrliste fast nur fertige Fabrikate (Maschinen, Baumwollenwaren, Steinkohlen, Wollenwaren, Zucker, Seidenwaren, Pelztierhäute, grobe Eisenwaren, Leder, Teerfarbstoffe, Roggen, feine Eisenwaren, Spielzeug, Koks, Wollengarn, Kleider und Putzwaren usw.).

Den regsten Handelsverkehr unterhält Deutschland mit seinen Nachbarländern. Der Warenaustausch Deutschlands mit den anderen europäischen Ländern übertrifft denjenigen mit den übrigen vier Erdteilen zusammengenommen bei weitem. Nur der Verkehr mit den Vereinigten Staaten von Amerika spielt neben dem europäischen eine bedeutende Rolle. Der Anteil der fünf Erdteile am Außenhandel Deutschlands war in den letzten Jahren folgender (in Millionen Mark):

	Einfuhr			Ausfuhr		
	1909	1910	1911	1909	1910	1911
Europa	4961	5197	5690	4992	5624	6070
Afrika	363	418	417	144	181	136
Asien	666	828	856	285	332	383
Amerika	2284	2191	2462	1089	1255	1362
Australien	246	293	273	66	72	92

Bemerkenswert ist jedoch, daß der Handelsverkehr Deutschlands mit den außereuropäischen Ländern in neuerer Zeit rascher zunimmt als mit den europäischen. In Verhältniszahlen berechnet stieg der Außenhandel

(Ein- und Ausfuhr zusammengenommen) Deutschlands im ganzen von 100 im Jahre 1902 auf 159 im Jahre 1910, mit Europa dagegen nur auf 151, mit Amerika auf 161, mit Asien auf 195, mit Australasien auf 207 und mit Afrika sogar auf 236.

Die folgende Tabelle zeigt, mit welchen Ländern Deutschland am meisten Güter austauschte. Sie enthält alle Staaten, die Deutschland in den letzten Jahren Waren im Werte von mehr als 100 Millionen Mark entweder lieferten oder abnahmen (Angaben in Millionen Mark):

Länder	Einfuhr			Ausfuhr		
	1909	1910	1911	1909	1910	1911
Rußland	1364	1387	1634	444	547	625
V. St. Amerika	1263	1188	1343	606	633	640
Großbritannien	723	767	809	1015	1102	1140
Österreich-Ungarn	755	759	739	767	822	918
Frankreich	485	509	524	455	543	599
Britisch Indien usw.	317	404	440	79	90	99
Argentinien	438	357	370	175	240	256
Belgien	290	326	340	349	391	413
Brasilien	234	279	320	92	122	152
Niederlande	253	258	298	453	499	532
Italien	288	274	285	289	323	348
Australischer Bund	233	268	248	58	63	80
Niederländisch Indien usw.	185	187	184	39	50	61
Schweden	142	164	183	156	190	192
Dänemark	135	158	180	196	225	218
Schweiz	163	174	180	413	453	482
Spanien	124	140	164	69	72	88
Chile	143	155	158	58	65	85
Rumänien	64	69	108	57	66	91
Britisch Westafrika	87	108	107	12	15	14
China	65	95	103	57	66	72
Japan	29	37	38	78	89	113

Hieraus ergibt sich, daß Deutschland die meisten Waren (je 5/4 – 1 1/2 Milliarden Mark) aus Rußland und den Vereinigten Staaten von Amerika bezieht. Dann folgen als nächstwichtigste **Bezugsgebiete** England und Österreich-Ungarn (ungefähr je 3/4 Milliarden), weiter Frankreich (1/2 Milliarde) und in noch größerem Abstande Britisch Indien, Argentinien, Belgien, Australien, Brasilien, Italien und die Niederlande. Das wichtigste **Absatzgebiet** (über 1 Milliarde Mark) ist England, das zweitwichtigste Österreich-Ungarn (850 Millionen Mark) und das drittwichtigste die nordamerikanische Union (600 Millionen Mark). An vierter und fünfter Stelle folgen Rußland und Frankreich (je 550 Millionen Mark), dann die Niederlande, die Schweiz, Belgien, Italien, Argentinien, Dänemark und Schweden.

Im deutschen Außenhandel überwiegt mehr und mehr der Seehandel. Der Anteil von Land- und Seehandel läßt sich nicht ganz genau berechnen, da die statistischen Unterlagen nicht einwandsfrei sind. Sorgfältige Schätzungen sind vom Deutschen Reichsmarineamt angestellt worden. In der Denkschrift vom Jahre 1905 über „Die Entwicklung der deutschen Seeinteressen im letzten Jahrzehnt" kam dieses Amt zu folgenden Ergebnissen:

Es wurden vier Ländergruppen gebildet:

1. Außereuropäische Länder, mit denen Deutschland durchweg nur im Seeverkehr Handel treibt.

2. Europäische Länder ausschließlichen oder fast ausschließlichen Seehandels.

3. Europäische Länder überwiegenden Seehandels.

4. Europäische Länder überwiegenden oder ausschließlichen Landhandels.

Das Anwachsen des Handels Deutschlands mit den einzelnen Ländergruppen stellte sich dann folgendermaßen dar (die Werte von 1894 wurden als 100 gesetzt):

	Einfuhr			Ausfuhr			Handel		
	1896	**1900**	**1904**	**1896**	**1900**	**1904**	**1896**	**1900**	**1904**
Erste Gruppe . .	110	163	187	138	174	208	118	166	193
Zweite " . .	108	140	165	110	152	170	110	146	168
Dritte " . .	109	129	146	151	162	171	122	139	154
Vierte " . .	100	126	137	115	148	161	107	136	148
Summe:	106	141	160	123	156	174	113	147	166

Hiernach hat in der Zeit von 1894 bis 1904 der Handel Deutschlands mit der ersten Ländergruppe um 93, mit der zweiten um 68, mit der dritten um 54, mit der vierten nur um 48 Prozent zugenommen. In der Denkschrift wurde dann der Landhandel der dritten mit dem Seehandel der vierten Gruppe kompensiert, so daß der Handel der drei ersten Gruppen als reiner Seehandel zusammengefaßt werden und der Handel der vierten Gruppe als reiner Landhandel gelten konnte. So ergab sich für die Jahre 1894—1904 ein Anwachsen des Seehandels um 75 Prozent (Einfuhr 70, Ausfuhr 83), des Landhandels dagegen nur um 48 Prozent (Einfuhr 37, Ausfuhr 61).

In Prozent des gesamten Außenhandels Deutschlands umfaßte

	der Seehandel			der Landhandel		
	Einfuhr	Ausfuhr	Handel	Einfuhr	Ausfuhr	Handel
1894	40,6	25,6	66,3	17,7	16,0	33,7
1896	39,2	28,9	68,1	15,6	16,2	31,9
1898	41,8	27,8	69,7	15,7	14,6	30,3
1900	40,8	28,0	68,8	15,2	16,0	31,2
1902	39,6	29,1	68,7	15,0	16,3	31,3
1904	41,7	28,2	69,8	14,7	15,5	30,2

Die Einfuhr zur See stellte sich 1894 auf 69,6, 1898 auf 72,7, 1904 auf 73,9 Prozent der Gesamteinfuhr, die Ausfuhr zur See 1894 auf 61,6, 1898 auf 65,6, 1904 auf 64,6 Prozent der Gesamtausfuhr. Vom gesamten Außenhandel Deutschlands entfielen um die Mitte des vorigen Jahrzehnts rund 70 Prozent auf den Seehandel. Seit dieser Zeit hat die Bedeutung des Seehandels zweifellos noch zugenommen.

Der Außenhandel Deutschlands wird an Umfang nur von dem Englands übertroffen. Die Vereinigten Staaten von Amerika folgen an dritter Stelle, allerdings nicht weit hinter Deutschland. Dann kommt in einigem Abstand als viertes Land Frankreich; in weiter Entfernung folgen die anderen bedeutenden Staaten nach. Die nachstehende Übersicht enthält die Durchschnittsziffern für die Jahre 1908—1910, unter Ausschaltung der Ein- und Ausfuhr von Edelmetallen.

	Einfuhr	Ausfuhr	zusammen
	Milliarden Mark		
England	11,0	8,1	19,1
Deutschland	8,4	6,8	15,2
V. St. Amerika	5,6	7,3	12,9
Frankreich	5,0	4,5	9,5
Rußland (ohne Finnland)	1,8	2,7	4,5
Österreich-Ungarn	2,2	2,0	4,2
Italien	2,5	1,5	4,0
China	1,1	0,9	2,0
Japan	0,9	0,9	1,8

Vergleicht man das Wachsen der Außenhandelswerte der drei wirtschaftlichen Großmächte, so ergibt sich, daß Deutschland den größten und schnellsten Fortschritt zu verzeichnen hat.

Außenhandel (Ein- und Ausfuhr zusammengerechnet):

	1891	**1901**	**1911**	
England	12,7	15,0	21,1	Milliarden Mark
Deutschland	7,3	9,9	17,6	" "
V. St. Amerika	7,3	9,5	14,7	" "

In den letzten 20 Jahren hat sich also der amerikanische Außenhandel gerade verdoppelt, der deutsche erheblich mehr und der englische erheblich weniger als verdoppelt. Die Zunahme ist aber nicht nur relativ, sondern sogar absolut in Deutschland am größten. Der deutsche Außenhandel wuchs in den 20 Jahren um mehr als 10, der englische dagegen nur um 8½ und der amerikanische gar nur um 7½ Milliarden Mark. Darnach scheint es nur noch eine Frage der Zeit zu sein, daß Deutschland sich im Außenhandel an die erste Stelle emporarbeiten wird.

3. Verkehr.

An der Vermittelung des internationalen Verkehrs, dem Transport von Waren und Menschen zu Lande und zu Wasser, beteiligt sich Deutschland in großem Umfange.

Die deutschen Eisenbahnen und Wasserstraßen dienen einem sehr ausgedehnten Verkehr zwischen Mittel-, Nord-, Süd-, Ost- und Westeuropa. Die Warenmengen allein, welche auf ihnen durch das Deutsche Reich hindurchgeführt werden, sind sehr erheblich. Die Durchfuhr wird in der Statistik nur nach dem Gewicht (nicht nach dem Werte) verzeichnet; in den letzten Jahren (1908—1910) belief sie sich auf durchschnittlich 48 Millionen Doppelzentner, während die Ausfuhrwaren ein Gewicht von 558 Millionen Doppelzentnern hatten.

In Europa hat Deutschland das größte Eisenbahnnetz. Die Länge der Ende 1910 im Betriebe befindlichen deutschen Eisenbahnen betrug 61 148 km. Dann kamen Rußland mit 59 559 km, Frankreich mit 49 385, Österreich-Ungarn mit 44 371, England mit 37 579 und Italien mit 16 960 km. Im ganzen zählte man in Europa 333 848 km. Diesen standen in Amerika 526 382 km, davon allein in der nordamerikanischen Union 388 173 km, gegenüber. Asien hatte 101 916, Afrika 36 854 und Australien 31 014 km. Die gesamten Eisenbahnen der Erde hatten eine Länge von 1 030 014 km.

Weit verzweigt sind die Verkehrsunternehmungen Deutschlands zur See. Auf dem Meere spielt die deutsche Flagge eine bedeutende Rolle. Allerdings kann sie sich bei weitem nicht mit der englischen messen, die unbestritten an der ersten Stelle steht. Ungefähr die Hälfte des gesamten Seeverkehrs wird von englischen Schiffen vermittelt. Fast fünfmal so leistungsfähig ist gegenwärtig die englische Handelsflotte wie die der zweitwichtigsten seefahrenden Nation. Diese zweite ist die deutsche. An dritter Stelle erscheinen die Nordamerikaner; diese aber können nur dann annähernd so große Zahlen aufweisen, wie die Deutschen, wenn sie die auf den großen amerikanischen Binnenseen verwendeten Fahrzeuge mit einrechnen, wie dies in der nachstehenden Statistik geschehen ist; ihre Beteiligung an der eigentlichen Seeschiffahrt ist verhältnismäßig gering, etwa so groß wie die der Italiener oder Russen. An vierter Stelle kommen die Norweger, mit einer kaum halb so großen Flotte wie die Deutschen, an fünfter die Franzosen. Die Leistungsfähigkeit der Schiffe (in Netto-Segler-Registertonnen) ist in der folgenden Tabelle so berechnet, daß eine Dampfer-Registertonne gleich drei Segler-Registertonnen gesetzt wird. Die Angaben sind dem „Jahrbuch für Deutschlands Seeinteressen" (herausgegeben von Nauticus, Jahrgang 1911) entnommen.

Welthandelsflotte (Leistungsfähigkeit).

Länder	1896/97		1910/11	
	1000 Reg.-Tonnen	Prozent	1000 Reg.-Tonnen	Prozent
Großbritannien und Irland	22 507	54,3	33 864	47,4
Deutschland	3 256	7,9	7 884	11,0
V. St. Amerika[1]	2 948	7,1	5 153	7,2
Norwegen	2 119	5,1	3 180	4,5
Frankreich	1 719	4,1	2 964	4,1
Japan	610	1,5	2 409	3,4
Italien	1 128	2,7	2 129	3,0
Rußland	901	2,2	2 045	2,9
Niederlande	807	1,9	1 909	2,7
Schweden	769	1,9	1 872	2,6
Spanien	1 185	2,9	1 484	2,0
übrige Länder	3 471	8,4	6 609	9,2
	41 420	100,0	71 452	100,0

Die Fortschritte, welche die deutsche **Seeschiffahrt** in der letzten Zeit gemacht hat, sind erstaunlich. Dagegen geht die absolut der deutschen noch immer gewaltig überlegene englische Seeschiffahrt verhältnismäßig zurück. Die bereits angeführte Denkschrift des Reichsmarineamts (vom Jahre 1905) über die „Entwickelung der deutschen Seeinteressen" und das Statistische Jahrbuch für das Deutsche Reich (1912) teilen hierüber folgendes mit:

Der Anteil Deutschlands an der Welthandelsflotte stieg von 5,2 Prozent 1874/75 auf 6,5 Prozent 1894/95, 7,8 Prozent 1898/99 und 9,9 Prozent 1905/06. In 14 Jahren (1896—1910) verringerte sich der Anteil Englands an der Welthandelsflotte um 7 Prozent, während Deutsch-

1) Einschließlich der auf den großen Seen verwendeten Fahrzeuge.

lands Anteil um 3 Prozent zunahm. Den Bestand von 1894/95 gleich 100 gesetzt, vermehrte sich bis 1905/06 die Dampferflotte Großbritanniens auf 159, diejenige Frankreichs auf 145, der Vereinigten Staaten auf 203, die Weltdampferflotte auf 191, diejenige Deutschlands aber auf 292.

Der Bestand der deutschen Kauffahrteiflotte hat sich in den sieben Jahren von 1898 bis 1905 um die Hälfte vermehrt, von 1,55 auf 2,35 Millionen Nettotonnen. Die hieraus sich ergebende Zunahme von 800 000 Tonnen übersteigt die Zunahme des viermal längeren Zeitraumes von 1871 bis 1898 um 170 000 Tonnen. In den letzten 6 Jahren (1905—1911) fand eine weitere Steigerung um 550 000 Tonnen statt. Die Dampfertonnage hat sich von 1891 bis 1911 verdreifacht. Die Leistungsfähigkeit der deutschen Handelsflotte hat sich in zehn Jahren von 1895 bis 1905 von 3¼ auf 7⅔ Millionen Nettotonnen, d. i. um 134 Prozent erhöht. Gleichzeitig hat sich die Transportleistungsfähigkeit der Welthandelsflotte um 70 Prozent, diejenige Englands um 47 Prozent vermehrt.

Das größte Schiffahrtsunternehmen der Welt ist der im Jahre 1903 gegründete nordamerikanische Schiffahrtstrust (International Mercantile Marine Co.), der durch Verschmelzung einer Reihe englischer und amerikanischer Linien entstand, bis jetzt aber noch keine günstigen Ergebnisse aufzuweisen hat. Diese Riesenreederei verfügte 1910 über 1 133 000 Brutto-Registertonnen. Die beiden nächstgrößten Reedereien der Welt sind deutsche, nämlich die Hamburg-Amerika-Linie mit 934 000 und der Norddeutsche Lloyd mit 692 000 Brutto-Registertonnen. Beide zusammen übertreffen an Größe den amerikanischen Trust; bemerkenswert ist, daß die beiden deutschen Reedereien von 1904 bis 1910 ihre Tonnenzahl zusammen um 474 000 Registertonnen vermehrten, der amerikanische Trust nur um 120 000. Auf diese drei größten Reedereien folgten 1910 fünf englische (mit 490, 460, 444, 329 und 319 Tausend Registertonnen), dann eine französische (319), eine japanische (307), eine zweite französische (289), eine dritte deutsche (272; „Hansa"), eine österreichische (234) und eine sechste englische (202).

Der Seeverkehr in den deutschen Häfen hat sich seit 1873 mehr als vervierfacht, wie die folgende Zusammenstellung der zu Handelszwecken in deutschen Häfen angekommenen und abgegangenen Seeschiffe zeigt:

	Ankunft		Abgang	
	Schiffe	Reg.-Tons	Schiffe	Reg.-Tons
1873:	48 004	6,2 Mill.	46 683	6,1 Mill.
1883:	56 999	9,4 „	56 967	9,5 „
1893:	66 655	14,6 „	67 219	14,7 „
1903:	90 829	20,9 „	91 510	20,9 „
1910:	111 797	29,9 „	112 571	30,2 „

In der Denkschrift des Reichsmarineamts wurde ferner folgendes berechnet: Der Aufschwung Deutschlands im Weltseeverkehr schreitet beinahe viermal so schnell wie seine Bevölkerungszunahme fort, die Vermehrung des überseeischen Verkehrs der deutschen Häfen beinahe sechsmal so schnell. Verglichen mit dem Aufschwung der übrigen seefahrenden Nationen, stellte sich derjenige Deutschlands mit den fremden Ländern ebenfalls recht günstig. Während er in den deutschen Häfen im Jahrzehnt 1893/1903 rund 50 Prozent ausmachte, betrug er bei den anderen Ländern (Norwegen, Großbritannien, Frankreich, Vereinigte Staaten von Amerika und Rußland) nur 30 bis 46 Prozent. Japan allein übertraf mit einer Verfünffachung des Verkehrs alle übrigen Seemächte.

In der internationalen Statistik erschien Deutschland 1904 dem Gesamtumfang des auswärtigen Seeverkehrs nach erst an vierter Stelle; jedoch gab, wie die Denkschrift des Reichsmarineamts hervorhob, diese Statistik nicht ein richtiges Bild. Denn fast ein Drittel des ganzen deutschen Seehandels vollzieht sich über belgische und holländische Häfen; dementsprechend ist die durch den deutschen Seehandel beschäftigte Schiffstonnage um rund die Hälfte größer als die ermittelten Zahlen. Die Angaben der einzelnen Nationen sind auch deshalb nicht vergleichbar, weil die statistischen Aufzeichnungen nach verschiedenen Grundsätzen erfolgen.

Was die Nationalität der Schiffe angeht, so hat die deutsche Flagge ihre Stellung im Seeverkehr der deutschen Häfen wie in dem der Hauptseefahrtsstaaten in der letzten Zeit beträchtlich erweitert. Im Seeverkehr der deutschen Häfen spielte lange die fremde Flagge eine ebenso große Rolle wie die deutsche; im letzten Jahrzehnt dagegen übertraf die Leistungsfähigkeit der deutschen Schiffe die der fremden beträchtlich. Es kamen in deutschen Seehäfen an:

	deutsche Schiffe		fremde Schiffe	
	Zahl	Reg.-Tons	Zahl	Reg.-Tons
1873:	30 532	3,0 Mill.	17 472	3,2 Mill.
1883:	41 726	4,5 "	15 273	4,9 "
1893:	49 083	7,6 "	17 572	7,0 "
1903:	69 577	12,2 "	21 252	8,6 "
1910:	86 810	17,8 "	24 987	12,2 "

Der Raumgehalt bei den von deutschen Seeschiffen gemachten Reisen war

	zwischen deutschen und außerdeutschen Häfen	zwischen außerdeutschen Häfen
1873:	4,3 Mill. Reg.-Tons	3,1 Mill. Reg.-Tons
1883:	6,3 " " "	4,1 " " "
1893:	9,6 " " "	6,4 " " "
1903:	15,7 " " "	16,0 " " "
1910:	23,0 " " "	22,0 " " "

Fast alle deutschen Seehäfen sind seit 1899 erweitert worden. So hat nach der Denkschrift des Reichsmarineamts Hamburg sein Leistungsvermögen um 75 Prozent, Bremen das seine um 50 Prozent erhöht, während es sich bei dem neuen Emdner Seehafen vervierfacht hat. Lübeck hat durch großartige Erneuerungen die Tiefe des modernen Seehafens erhalten; in Harburg und Stettin wurden neue große Häfen geschaffen; Danzig hat den Kaiserhafen mit fast 200 000 qm Fläche eröffnet; Königsberg ist durch Fahrwasservertiefungen erst wieder zum Seehafen geworden; Kiel baute seinen Hafen wesentlich aus; daneben haben fast alle kleineren Häfen ihr Leistungsvermögen durch Neuanlagen und Vertiefungen beträchtlich vergrößert. Die Erschließung des Hinterlandes und die Verbesserung der Wasserstraßen hat weitere Fortschritte gemacht; dahin gehört die Weiterführung der Weserkorrektion, die Inbetriebsetzung des Dortmund-Ems-Kanals, die Vollendung des Elbe-Trave-Kanals 1900 und die Eröffnung des Königsberger Seekanals 1901.

Der wichtigste deutsche Seehafen, Hamburg, ist einer der sieben Riesenhäfen der Welt, von denen jeder einen Verkehr von über 20 Millionen Registertonnen (Ein- und Ausgang zusammengerechnet) hat. Er steht, was den Auslandsverkehr betrifft, dicht hinter Neuyork, Antwerpen und London. Hongkong, Liverpool, Marseille und Rotterdam sind von Hamburg überflügelt worden. Zu berücksichtigen ist, daß die Größe des Seeverkehrs von Antwerpen und Rotterdam in der Hauptsache auf der Vermittelung des Verkehrs des deutschen Wirtschaftsgebietes mit dem Auslande beruht.

Eine im Anhang abgedruckte Tabelle zeigt den Verkehr der wichtigsten fremden Häfen (mit über 10 Millionen Netto-Registertonnen Gesamtauslandsverkehr) im Vergleich zum Verkehr der größten deutschen Seehäfen.

Aus der Statistik ergibt sich die bemerkenswerte Tatsache, daß Europa nicht weniger als 11 Seehäfen (darunter England 5) mit einem Auslandsverkehr von mehr als 10 Millionen Registertonnen besitzt, während es in ganz Nordamerika nur einen großen Seehafen, Neuyork, gibt. Vergleicht man das Anwachsen des Verkehrs der Haupthäfen in neuerer Zeit, so zeigt sich eine bedeutende und rasche Zunahme in den drei großen Häfen des deutschen Wirtschaftsgebietes, Hamburg, Antwerpen und Rotterdam, während der Fortschritt Londons geringer ist. Der gesamte Auslandsverkehr war folgender:

	1900		1909 oder 1910	
In Neuyork . . .	16,8	Mill. Reg.-Tonnen	25,5	Mill. Reg.-Tonnen
„ Antwerpen .	13,4	„ „	25,3	„ „
„ London . . .	16,7	„ „	24,6	„ „
„ Hamburg . .	14,7	„ „	23,1	„ „
„ Hongkong . .	14,0	„ „	21,0	„ „
„ Liverpool . .	11,7	„ „	21,0	„ „
„ Rotterdam .	11,8	„ „	20,2	„ „

Die Beteiligung Deutschlands am Weltverkehr spiegelt sich auch in der Reichspoststatistik. Die Zahlen geben leider kein ganz vollkommenes Bild, da das Reichspostgebiet Bayern und Württemberg nicht umfaßt. Die Gesamtstückzahl der durch die Reichspost beförderten Sendungen betrug 1910 rund 8450 Millionen, nämlich 8179 Millionen Briefsendungen und 271 Millionen Päckerei- und Wertsendungen. Unter den „Briefsendungen dungen" ist die Gruppe des „eigentlichen Briefverkehrs" (Briefe, Postkarten, Drucksachen, Geschäftspapiere und Warenproben) mit 5858 Millionen Sendungen die wichtigste. Von diesen fallen 4532 Millionen auf den inneren Verkehr des Reichspostgebiets. Es kamen 459 Millionen aus anderen Ländern, darunter 176 Millionen aus Bayern und Württemberg. Es gingen 517 Millionen nach anderen Ländern, darunter 218 Millionen nach Bayern und Württemberg. Der Durchgangsverkehr umfaßte 349 Millionen Sendungen, darunter in geschlossenen Briefbeuteln 300 Millionen. Sieht man von diesem Durchgangsverkehr ab, so gestaltete sich der „eigentliche Briefverkehr" des deutschen Reichspostgebiets mit den wichtigsten fremden Staaten folgendermaßen: Von den im Jahre 1910 aus dem Reichspostgebiete beförderten Briefen, Postkarten, Drucksachen, Geschäftspapieren und Warenproben erhielt Österreich bei weitem die meisten, nämlich 85 Millionen Stück; dann kamen die Schweiz mit 26 Millionen, Frankreich (25), England (23), Rußland (21), Holland (19), die Vereinigten Staaten von Amerika (15), Belgien (13), Ungarn (13), Italien (10) usw. Von den außereuropäischen Gebieten erhielten, abgesehen von den bereits erwähnten Vereinigten Staaten, die deutschen Schutzgebiete die meisten Sendungen aus dem deutschen Reichspostgebiet, nämlich fast 3 Millionen; ferner gelangten nach Argentinien 1,8, nach Brasilien 1,7, nach den britischen Kolonien in Afrika 1,3, nach Britisch-Indien 0,9, nach Chile, Mexiko und China je 0,8, nach Japan 0,7, nach Australien, Kanada und Ägypten je 0,6 Millionen Stück.

Auch die Statistik des Telegraphenwesens zeigt, einen wie lebhaften Verkehr Deutschland mit dem Auslande unterhält. Bei den Angaben ist zu beachten, daß Bayern und Württemberg nicht zu dem deutschen Reichstelegraphengebiet gehören. Die Gesamtzahl der in dem Gebiet beförderten Telegramme betrug im Jahre 1910 fast 56 Millionen; von diesen fielen 33,3 Millionen auf den inneren Verkehr; 10,5 Millionen wurden von außerhalb empfangen und 8,7 Millionen nach außerhalb befördert; 3,3 Millionen bildeten den Durchgangsverkehr. Von den 10,5 Millionen empfangenen Telegrammen kamen fast 1¾ Millionen aus Bayern und Württemberg, von den 8,7 Millionen beförderten 1¾ Millionen aus diesen Staaten. Im übrigen gestaltete sich, wie der im Anhang mitgeteilten Statistik zu entnehmen ist, der auswärtige Telegrammverkehr mit den wichtigsten Ländern folgendermaßen: Der stärkste Verkehr des Reichstelegraphengebiets fand mit Österreich-Ungarn (3,1 Millionen Telegramme) statt, der zweitstärkste mit England (2,6 Millionen). Dann folgen Rußland (2,0), Frankreich (1,7), Holland (1,0), Belgien (0,9), Amerika (0,9), die Schweiz (0,7), Italien (0,6) und Dänemark (0,5).

Nach der internationalen Telegraphenstatistik hat kein Land einen so lebhaften telegraphischen Verkehr mit dem Auslande wie Deutschland. Nach den in Bern im Jahre 1910 veröffentlichten Angaben entfielen auf Deutschland 17,8 Millionen „internationale" Telegramme, auf England 13,7 Millionen, auf Frankreich 9,6 Millionen, auf Österreich 8,8 Millionen, auf Ungarn 4,1 Millionen. Zahlen für die Vereinigten Staaten von Amerika sind nicht angegeben.

Von den internationalen Kabeln sind bisher nur wenige in deutschem Besitz. Das Weltkabelnetz umfaßte nach der oben genannten Denkschrift des deutschen Reichsmarineamts im Jahre 1905 rund 450 000 km. Der Anteil Deutschlands hieran betrug nur 6⅔ Prozent; 1898 betrug er noch nicht ganz 2 Prozent. Die meisten Kabel sind in Englands Besitz. Die Bedeutung dieser Tatsache ist erst in der letzten Zeit den anderen Staaten klar geworden, hauptsächlich infolge der kriegerischen Ereignisse in Südafrika und Ostasien. England war in der Lage, die wichtigsten Telegraphenlinien zu kontrollieren, Nachrichten zu befördern oder zurückzuhalten, wie es ihm am vorteilhaftesten war, und nicht nur den politischen, sondern auch den wirtschaftlichen Verkehr der anderen Länder ernstlich zu stören. Seitdem haben die Franzosen, die Deutschen, die Russen und die Amerikaner sich bemüht, eigene von England unabhängige Kabelverbindungen zu schaffen. Der Fortschritt zeigte sich nach einigen Jahren in der folgenden Zusammenstellung des internationalen Telegraphenbureaus in Bern:

	Verteilung des Kabelnetzes Linienlänge (Kilometer)		Prozentualer Anteil an den Kabellinien	
	1898	1903	1898	1903
Deutschland	5 820	18 559	1,88	4,5
Frankreich	32 638	37 562	10,10	9,0
England (mit Kol.) .	210 540	247 867	68,33	60,2
V. St. v. Amerika . .	34 005	74 945	11,10	18,2
Niederländisch Indien	1 651	3 366	0,53	1,0
Japan	2 790	3 988	0,90	0,8
Rußland	13 340	15 647	4,32	3,8
Spanien	1 745	3 229	0,57	2,5
übrige Länder	6 271	6 859	2,27	
	308 860	412 022	100,00	100,0

Die Entwickelung des deutschen Seekabelwesens war nach der Denkschrift des Reichsmarineamts folgende: Zwischen 1871 und 1896 wuchs das Netz nur von 472 km auf 3789 km. Im folgenden Jahre setzte aber ein bedeutenderer Aufschwung ein. Hatte es sich bisher ausschließlich um europäische Kabel des nordischen und englischen Verkehrs gehandelt, so begann nun die Legung großer interkontinentaler und ausländischer Linien. Ende 1896 wurde das Kabel Emden-Vigo in Betrieb gesetzt; im Jahre 1900 aber erfolgte die erste überseeische Ausdehnung durch die Herstellung einer deutschen Verbindung nach den Vereinigten Staaten über die Azoren (7002 km); im gleichen Jahre das chinesische Küstenkabel von Tschifu nach Wusung bei Schanghai über Tsingtau (1158 km). Bereits im Jahre 1903 konnte das zweite atlantische Kabel (7905 km) in Betrieb genommen werden, während gleichzeitig in Ostasien in Verbindung mit amerikanischen und niederländischen Kabelunternehmungen 1904/05 die Linien von Menado (Celebes) nach Jap (Karolinen) und Guam (Marianen) (3249 km) und von Schanghai nach Jap (3588 km) eröffnet wurden, welche für den chinesischen Kabelverkehr eine von England unabhängige Verbindung mit den deutschen, holländischen und amerikanischen Kolonien einerseits und für diese anderseits den Anschluß an das amerikanische Kabel durch den Pazifischen Ozean herstellten. 1905 wurde für das Kabelnetz des Balkan die Verbindung von Konstanza in Rumänien nach Konstantinopel (343 km) hergestellt. Dadurch wurde in einem Zeitraume von zehn Jahren das deutsche Kabelnetz von noch nicht 4000 km auf über 30 000 km erhöht. Im Jahre 1907 erlangte eine deutsche Gesellschaft von Spanien die Konzession, Kabel auf Teneriffa zu landen, um von dort neue Verbindungen mit Südamerika und den deutschen

Kolonien in Westafrika zu schaffen. Das deutsch-südamerikanische Kabel ist in den Jahren 1909—1911 von Borkum über Teneriffa nach Monrovia (Republik Liberia) und von dort nach Pernambuco (Brasilien) gelegt worden; es hat eine Länge von 10 715 km. Gegenwärtig macht das deutsche Kabelnetz (fast 41 000 km) etwa 8 Prozent des rund 500 000 Kilometer großen Weltkabelnetzes aus.

Inzwischen hat die Technik durch die Ausbildung der Funkentelegraphie neue große Fortschritte gemacht, und alle größeren Staaten, nicht am wenigsten Deutschland, sind bemüht, die äußerst wichtige Erfindung für sich nutzbar zu machen. Die Funkentelegraphie scheint geeignet zu sein, die Seekabel bis zu einem gewissen Grade entbehrlich zu machen, und würde daher England des großen Vorteiles, den es bisher aus dem Besitze seines gewaltigen Kabelnetzes gezogen hat, berauben können.

4. Ein- und Auswanderung.

Die Zahl der im Ausland lebenden Deutschen ist sehr groß. Viele von ihnen haben die Reichsangehörigkeit behalten; viele sind dagegen Bürger fremder Staaten geworden. Genaue Angaben über die Wanderungen und den Wechsel der Staatsangehörigkeit liegen nicht vor. Es läßt sich jedoch mit ziemlicher Sicherheit berechnen, daß im 19. Jahrhundert 6—7 Millionen Deutsche ihre Heimat auf immer verlassen haben; sie haben sich hauptsächlich in den Vereinigten Staaten von Amerika niedergelassen. In den zwei Jahrzehnten nach der Gründung des Deutschen Reiches sind ungefähr 2 Millionen Menschen aus Deutschland ausgewandert, im dritten Jahrzehnt nur noch eine halbe, im vierten eine viertel Million. Seit etwa 15 Jahren kann man Deutschland kaum mehr ein Auswanderungsland nennen. Es trat sogar in die Reihe der Einwanderungsländer ein: es wanderten viel mehr Menschen in Deutschland ein als aus. In den letzten Jahren wurden nur durchschnittlich 25 000 überseeische deutsche Auswanderer gezählt; die Zahl der Einwanderer ist nicht genau zu berechnen. In dem Jahrfünft 1906—1910 sind jährlich im Durchschnitt 175 000 Personen über deutsche Häfen eingewandert; die meisten von diesen werden aber wohl nicht in Deutschland geblieben, sondern nach ihrer früheren Heimat (Rußland, Österreich-Ungarn usw.) weitergereist sein.

Im Jahre 1890 berechnete man die Zahl der im Auslande lebenden Deutschen (d. h. in Deutschland Geborenen) auf rund 3½ Millionen. In den Vereinigten Staaten von Amerika wurden 1900 fast genau 2⅔ Millionen in Deutschland Geborene gezählt, in Brasilien etwa 131 500, in Argentinien rund 100 000, in Australien fast 43 000, in Kanada 27 000, in Transvaal 16 000, in Chile 5000, in Algerien 4000—5000, in Mexiko 2500 (Reichsangehörige), in Britisch-Indien 1700, in China 1700 (Reichsangehörige), in Niederländisch-Indien 1400, in Ägypten 1300 (Reichsangehörige). Die übrigen überseeischen Länder wiesen geringere Ziffern auf.

In den europäischen Ländern wurden deutsche Reichsangehörige ermittelt:

Österreich . .	1900	106 364	Dänemark .	1901	35 061 (Reichsgebürtige)
Ungarn . . .	1900	8 020	Schweden .	1900	2 421
Rußland . .	1897	151 102	Norwegen .	1900	1 766
Schweiz . . .	1900	168 238	England . .	1901	53 402 (Reichsgebürtige)
Italien . . .	1901	10 745	Serbien . .	1900	379
Frankreich . .	1901	86 684	Bulgarien .	1904	339
Spanien . .	1900	3 011	Montenegro	1904	6
Portugal . .	1900	927	Türkei . . .	1904	3 399
Luxemburg .	1900	14 931	Rumänien .	1899	7 733
Belgien . . .	1900	53 408	Griechenland	1905	227
Niederlande .	1899	31 654			

Die Zahl der in Deutschland lebenden Ausländer beträgt gegenwärtig über $1^1/_4$ Million; sie ist in raschem Wachsen begriffen. Von der Bevölkerung des Deutschen Reiches waren im Auslande geboren bzw. staatsangehörig:

	geboren		staatsangehörig	
	über-haupt	darunter weiblich	über-haupt	darunter weiblich
am 1. Dez. 1900 . .	823 597	339 254	778 737	314 463
„ 1. „ 1905 . .			1 028 560	429 240
„ 1. „ 1910 . .			1 259 873	542 879

Von den im Jahre 1910 in Deutschland gezählten Ausländern stammten 1 236 048 aus europäischen Staaten (einschl. ihrer Kolonien), 22 462 aus Amerika (darunter 17 572 aus den Vereinigten Staaten von Amerika), 148 aus Afrika und 1215 aus Asien. Die europäischen Staaten Angehörigen verteilten sich im Jahre 1910 folgendermaßen auf die einzelnen Länder:

Österreich	634 983	Frankreich . . .	19 140
Niederlande . .	144 175	England	18 319
Rußland	137 697	Luxemburg . . .	14 356
Italien	104 204	Belgien	13 455
Schweiz	68 257	Schweden	9 675
Ungarn	32 079	Norwegen	3 334
Dänemark . . .	26 233	Rumänien	2 932

Türkei	2 259	Griechenland	837
Spanien	1 668	Portugal	292
Bulgarien	1 023	Montenegro	126
Serbien	907		

Auch die Zahl der alljährlich nach Deutschland kommenden fremden Wanderarbeiter, die im Winter in ihre Heimat zurückkehren müssen, vermehrt sich beständig; sie hat in der letzten Zeit fast eine Million erreicht.

5. Kapitalanlagen.

Neben den Wanderungen der Menschen sind die Übertragungen der produktiven Sachgüter, der Kapitalien, von Land zu Land von Bedeutung. Die Kapitalien, mit deren Hilfe die Schätze der Erde gehoben, Wildnisse in Kultur genommen, Schiffahrtslinien eingerichtet, Eisenbahnen gebaut und Fabriken betrieben werden, stammen in der Hauptsache aus Nordwesteuropa. Es sind vor allem England, Frankreich und Deutschland, welche die übrigen Länder der Erde, namentlich die überseeischen Gebiete, mit großen Mengen Kapital versorgt haben und noch versorgen. Das meiste europäische Kapital haben die Vereinigten Staaten von Amerika, denen sich ja auch der Hauptstrom europäischer Auswanderer zugewandt hat, erhalten. So sind England, Frankreich und Deutschland die Gläubiger Süd- und Osteuropas, Amerikas, Asiens, Afrikas und Australiens geworden. Alle Schuldnerländer müssen, entsprechend der Größe des ihnen zur Verfügung gestellten Kapitals, alljährlich Zinsen an die nordwesteuropäischen Gläubigerländer zahlen. In dieser unangenehmen Lage sind gegenwärtig nicht nur die ärmeren überseeischen Länder, sondern auch noch die reichen Vereinigten Staaten von Amerika. Die starke Zunahme ihres Wohlstandes wird diese aber voraussichtlich befähigen, allmählich ihre Schulden zurückzuzahlen und dann selbst in die Reihe der Gläubigerländer einzutreten. Sie haben bereits begonnen, sich an der Lieferung von Kapitalien für Ostasien, Südamerika usw. zu beteiligen.

Zur Berechnung der auswärtigen Kapitalanlagen gibt es kein ganz zuverlässiges Material. Auch die Angaben über die Anlage deutschen Kapitals im Auslande beruhen auf Schätzungen, bei denen erhebliche Irrtümer vorkommen können. Immerhin sind die Schätzungen mit so großer Sorgfalt vorgenommen und mehrfach neu geprüft worden, daß die Ziffern ein im wesentlichen zutreffendes Bild ergeben dürften.

In Betracht kommen zunächst die ausländischen Effekten (Staatsanleihen, Eisenbahn-, Bergwerkspapiere u. dgl.), die sich in Deutschland befinden. Sie sollen (nach Schätzungen von Christians und Schmoller) im Jahre 1892 einen Betrag von etwa 10 Milliarden Mark ausgemacht haben. Wenn man nun annimmt — was nicht zu hoch gegriffen sein dürfte —, daß in Deutschland seitdem jährlich mindestens eine Milliarde, in den letzten Jahren durchschnittlich wohl zwei, ja drei Milliarden Mark in neuen Effekten angelegt wurden, davon etwa ein Drittel in ausländischen Werten, so betrug der jährliche Zuwachs an letzteren etwa 400 bis 800 Millionen Mark und man erhält für 1912 eine Summe von etwa 20–21 Milliarden Mark fremder in deutschen Händen befindlicher Effekten.

Weiter sind die deutschen Kapitalien zu berechnen, die im Handel und im Verkehr, in der Industrie und in der Landwirtschaft des Auslandes angelegt sind. Bei der Begründung der deutschen Flottenvorlagen in den Jahren 1898, 1900 und 1905 hat man die deutschen überseeischen Interessen dieser Art durch amtliche Erhebungen genauer festzustellen versucht. Die Angaben beruhen auf Schätzungen der deutschen Konsulate. Die jüngste (1905) Denkschrift des Reichsmarineamts über die deutschen Seeinteressen veröffentlichte (S. 173) die folgende Zusammenfassung (in Millionen Mark) der so ermittelten deutschen Kapitalanlagen in überseeischen Ländern:

Gebiete	Gesamtschätzung 1898	Gesamtschätzung 1904	Bemerkungen
Türkei (außer Ägypten)	400[1]	300– 350	[1]) Einschl. Ägypten
Nordafrika (einschl. Ägypten), Westafrika, Südafrika, Ostafrika	970– 980[2]	1325–1350	[2]) Ausschl. Ägypten
Persisch-arabische Halbinsel u. Brit.-Ostindien	50	75	
Südostasien	240	250	
Ostasien	370– 400	400– 450	
Australien u. Polynesien	610– 670[3]	300– 400	[3]) Frühere Schätzung zu hoch.
Länder um das amer. Mittelmeer (einschl. südam. Nordküste u. Westindien)	1000–1250[4]	1080–1200	[4]) Differierende Schätzungen.
Westküste Südamerikas	370– 420	500– 550	
Ostküste Südamerikas	1000–1300	1300–1600	
Vereinigte Staaten und Kanada	2025	2500–3000	
	7035–7735	8030–9225	

Diese Kapitalanlagen haben sich seit 1904 sicher erheblich vermehrt, etwa auf 10—12 Milliarden Mark.

Wie groß die Kapitalanlagen Deutschlands in den Nachbarländern (in Österreich-Ungarn, Rußland, Dänemark, Schweden, Norwegen, Holland, Belgien, der Schweiz, Italien usw.) sind, ist im einzelnen noch nicht berechnet worden. Sachkundige Forscher sind der Meinung, daß die in diesen europäischen Gebieten angelegten deutschen Kapitalien im ganzen wohl ebensoviel ausmachen wie die überseeischen, also auch etwa 10—12 Milliarden Mark. Hieraus ergibt sich als Gesamtbetrag der gegenwärtig im ganzen Auslande arbeitenden deutschen Kapitalien (abgesehen von den Effekten) eine Summe von 20—24 Milliarden Mark.

Zu berücksichtigen ist, daß nicht wenige hier eingesetzte Werte, z. B. Eisenbahn- und Minenanlagen, auch bei den an erster Stelle genannten fremden Effekten mit eingerechnet sein können, daß also wahrscheinlich erhebliche Abstriche notwendig sind. Anderseits fehlen aber in der Rechnung vermutlich manche Werte, z. B. fremde Wertpapiere, die ihre deutschen Eigentümer im Auslande lagern lassen. Wenn wir demgemäß Abzüge machen und dann abrunden, so gelangen wir zu dem Resultat, daß Deutschlands Anlagen in auswärtigen Werten zurzeit mindestens 35 Milliarden Mark betragen müssen.

Nach verschiedenen Schätzungen sollen die englischen Kapitalanlagen im Auslande etwa doppelt so hoch sein wie die deutschen. Im Jahre 1911 wurden sie (von Sir Edgar Speyer) auf rund 70 Milliarden Mark veranschlagt. Etwa zur Hälfte ist dieses Kapital in englischen Kolonien angelegt. Von der andern Hälfte fällt der größte Teil auf die Vereinigten Staaten von Amerika, Zentral- und Südamerika, Japan und China. Nach Angabe des Statistikers Paish kamen im Jahre 1907 von 54 Milliarden auswärtiger englischer Kapitalanlagen nicht weniger als 34 Milliarden auf Eisenbahnbauten.

Eine im Jahre 1902 in Frankreich veranstaltete amtliche Untersuchung ergab für die im Auslande, bzw. in ausländischen Werten angelegten französischen Kapitalien eine Gesamtsumme von rund 30 Milliarden Franken. Von diesen fielen 21 Milliarden auf Europa (7 auf Rußland, je 3 auf Spanien und Österreich-Ungarn, fast 2 auf die Türkei, 1½ auf Italien), 4 auf Amerika, 3⅔ auf Afrika und etwas mehr als eine Milliarde auf Asien. In den 10 Jahren seit 1902 haben sich die französischen Kapitalanlagen im Auslande erheblich vermehrt. Sie dürften gegenwärtig wohl ebenso bedeutend sein wie die deutschen.

Zur Kennzeichnung der Rolle, welche ausländische Werte auf dem deutschen Kapitalmarkte spielen, seien noch folgende Ziffern angeführt:

In Deutschland wurden nach dem „Deutschen Ökonomist" folgende Werte (Kurswerte) emittiert:

	deutsche	ausländische
1896—1900 (durchschnittlich)	1658 Millionen Mark	484 Millionen Mark
1901	1421 „ „	210 „ „
1902	1657 „ „	453 „ „
1903	1424 „ „	242 „ „
1904	1763 „ „	232 „ „
1905	2082 „ „	1008 „ „
1906	2521 „ „	221 „ „
1907	2059 „ „	153 „ „
1908	3424 „ „	228 „ „
1909	3242 „ „	349 „ „
1910	2477 „ „	546 „ „
1911	2249 „ „	460 „ „

Hierzu ist jedoch zu bemerken — wie bereits in dem amtlichen deutschen Katalog für die Weltausstellung von St. Louis mit Recht hervorgehoben wurde —, daß gegenwärtig die Inanspruchnahme des deutschen Kapitalmarktes für ausländische Werte weniger als früher Schlüsse auf die in fremden Anleihen und Aktienunternehmungen angelegten deutschen Kapitalien zuläßt, da seit dem Erlaß des deutschen Börsengesetzes ein großer Teil des in ausländischen Werten angelegten Kapitals sein Arbeitsfeld an fremden Märkten sucht; dabei kommen vor allem London, ferner Brüssel, Amsterdam und Neuyork in Frage.

Nach der Reichsstatistik wurden zum Handel an deutschen Börsen neu zugelassen (Nennwerte, Beträge in Millionen Mark):

	inländische Werte		ausländische Werte	
	Gesamtbetrag	darunter Umwandlungen	Gesamtbetrag	darunter Umwandlungen
1901	2366	25	778	12
1902	2748	645	2632	1171
1903	2215	323	4589	3985
1904	2603	173	2155	1036
1905	3442	292	5283	346
1906	2881	116	1110	222
1907	2573	67	7019	6482
1908	3876	351	746	—
1909	3507	184	974	—
1910	2757	80	2242	142
1911	2734	77	1208	—

Was die ausländischen Wertpapiere betrifft, so wurde die große Mehrzahl derselben gleichzeitig an ausländischen Börsen aufgelegt; sie sind natürlich nur zum Teil vom deutschen Publikum aufgenommen worden.

Von den ausländischen Wertpapieren im Gesamtbetrage von fast 22 Milliarden Mark (darunter 8¼ Milliarden Mark Umwandlungen), die in dem Jahrzehnt 1897—1906 in Deutschland zum Börsenhandel zugelassen wurden, entfielen fast 5 Milliarden (darunter 1,1 Umwandlungen) auf die Vereinigten Staaten von Amerika (fast ausschließlich Eisenbahnpapiere), 4 Milliarden (darunter 3¼ Umwandlungen) auf Österreich (hauptsächlich Staatsanleihen), 3½ Milliarden (darunter ¼ Umwandlungen) auf Rußland (2⅓ Staatsanleihen), 1½ Milliarden (darunter 0,9 Umwandlungen) auf Ungarn (hauptsächlich Staatsanleihen), 1¼ Milliarden auf Japan (Staatsanleihen), je 1 Milliarde auf Mexiko, die Türkei und Rumänien (z. T. Umwandlungen, hauptsächlich Staatsanleihen). Die genaueren Ziffern sind im Anhange mitgeteilt. Im Jahre 1907, dem letzten, über das Einzelangaben vorliegen, erfolgte noch die Zulassung von 6½ Milliarden italienischen Staatspapieren (sämtlich Umwandlungen).

Die Anlage deutscher Kapitalien im Auslande geschieht in der Form, daß Deutschland dem Auslande *Waren* oder *Edelmetalle* zur dortigen Verwertung zuführt oder überläßt; es werden also entweder diese Wertgegenstände (Waren oder Edelmetalle) direkt aus Deutschland nach dem Auslande exportiert, oder es werden dieselben, soweit sie für deutsche Rechnung im Auslande produziert worden sind, dort belassen und für deutsche Rechnung weiter produktiv verwendet. Im letzteren Falle findet kein eigentlicher Export von Kapitalien aus Deutschland statt; die Wirkung ist aber dieselbe; man spart nur die Kosten der Einfuhr der deutschen, im Auslande produzierten Wertgegenstände und ihrer Wiederausfuhr.

Auch die Bezahlung der von Deutschland angekauften fremden Effekten muß auf die angegebene Weise, d. h. durch Ausfuhr oder Überweisung deutscher Waren oder Edelmetalle erfolgen; natürlich geschieht dies meistens nicht direkt, sondern durch Vermittelung des internationalen Geld- und Kreditverkehrs.

Die Ausfuhr von *Edelmetallen* (roh oder gemünzt) ist nur von geringer Bedeutung. Der Ausfuhr steht in Deutschland regelmäßig eine größere Einfuhr gegenüber. Deutschlands Handel mit Edelmetallen hatte in den letzten Jahren folgenden Umfang:

	Einfuhr	Ausfuhr	Einfuhrüberschuß
1901	289 Mill. M.	81 Mill. M.	208 Mill. M.
1902	175 " "	135 " "	40 " "
1903	318 " "	116 " "	202 " "
1904	500 " "	93 " "	407 " "
1905	307 " "	110 " "	197 " "
1906	417 " "	120 " "	297 " "
1907	252 " "	249 " "	3 " "
1908	410 " "	82 " "	328 " "
1909	333 " "	264 " "	69 " "
1910	376 " "	169 " "	207 " "
1911	301 " "	118 " "	183 " "

Deutschland empfing in den letzten Jahren Gold und Silber hauptsächlich aus England, dem Hauptedelmetallmarkte der Welt. Es lieferte Gold und Silber vor allem nach Rußland, Argentinien, Österreich-Ungarn, Rumänien, Holland, der Schweiz und Italien, gelegentlich aber auch nach England.

Auch die anderen großen Staaten haben nur verhältnismäßig geringe Mengen Edelmetall zu Zahlungen an das Ausland, bzw. zum Kapitalexport zur Verfügung. Die Vereinigten Staaten von Amerika (als Edelmetalle produzierendes Land) haben in der Regel einen Ausfuhrüberschuß in ihrem Handel mit Edelmetall; während der Wirtschaftskrisis 1906—1908 war ihre Goldeinfuhr größer als ihre Goldausfuhr, da sie ihre Barbestände auffüllen mußten. England importiert — ebenso wie Deutschland — fast regelmäßig mehr Gold und Silber, als es exportiert.

Der Edelmetall-Ausfuhrüberschuß der Vereinigten Staaten von Amerika betrug

1901/1902:	18 Mill. Doll.		1906/1907:	—49 Mill. Doll.	(Einfuhrüberschuß)
1902/1903:	22 " "		1907/1908:	—63 " "	"
1903/1904:	4 " "		1908/1909:	60 " "	
1904/1905:	60 " "		1909/1910:	85 " "	
1905/1906:	—36 " "	(Einfuhrüberschuß)	1910/1911:	—32 " "	(Einfuhrüberschuß)

Der Einfuhrüberschuß Englands an Edelmetall (bullion and specie) betrug:

	Mill. Pf. St.			Mill. Pf. St.	
1901:	6		1906:	2	
1902:	5		1907:	5	
1903:	— 0	(Ausfuhrüberschuß)	1908:	— 8	(Ausfuhrüberschuß)
1904:	— 1	〃	1909:	6	
1905:	6		1910:	7	

Aus den vorstehenden Ziffern ergibt sich, daß die Anlage von Kapitalien im Auslande weniger die Ausfuhr von Edelmetall als vielmehr hauptsächlich die von Waren bedingt. Ein unmittelbarer Zusammenhang zwischen der Anleihe eines fremden Landes und der Ausfuhr von Waren dorthin besteht zwar nicht in allen Fällen, aber doch sehr häufig. Es kommt vor allem auf die Verwendung des geliehenen Geldes an. Wenn Argentinien sich von England „Geld" geliehen hat, um Eisenbahnen zu bauen, so ist dieses „Geld" in der Hauptsache in Gestalt von Eisenbahnbaumaterial, Betriebsmaterial und sonstigen Verbrauchsgegenständen, nicht aber etwa ganz als Gold, Silber oder Papier aus England über den Atlantischen Ozean gewandert. Anleihegeschäfte sind bekanntlich häufig direkt mit Warenlieferungsverträgen verbunden; z. B. wird in neuerer Zeit den Chinesen das Geld, das sie zum Bau von Eisenbahnen brauchen, häufig von den deutschen oder englischen Kapitalisten geliehen, bei denen die Chinesen das zum Bau benötigte Material bestellen.

Die Kapitalanlage im Ausland ist auch bei der Erklärung der Handelsbilanz zu berücksichtigen. Die Besprechung dieses Punktes findet sich in dem folgenden Abschnitt über die Handelsbilanz (S. 41 ff.).

6. Kolonien.

Die deutschen Kolonien werden vielfach, im Inlande und im Auslande, mit Geringschätzung behandelt. Manchen deutschen Politikern scheint es kaum der Mühe wert zu sein, sich mit den deutschen Schutzgebieten genauer zu beschäftigen und ihren Zustand kennen zu lernen. Einige erblicken in den Kolonien nur eine Last, die das deutsche Volk weiterzuschleppen habe, weil es sie ehrenhalber nicht wegwerfen dürfe. Nicht selten wird die Ansicht geäußert, das deutsche Volk habe, als es in die Kolonialpolitik eintrat, alles wertvolle Gebiet auf der Erde schon in festem fremdem Besitz vorgefunden und nur auf einige wertlose Striche, die von den anderen verschmäht worden waren, die Hand legen können. Diese Auffassung vom Werte der deutschen Kolonien ist grundfalsch, historisch und sachlich. Die ersten Besitzergreifungen von deutschem Kolonialland haben sich unter erheblichen Schwierigkeiten, die von England ausgingen, vollzogen. Es bedurfte der großen Staatskunst und gewaltigen Autorität Bismarcks, um den Widerstand Englands gegen die Festsetzung Deutschlands in Afrika und in der Südsee zu brechen. Hätte es sich dabei um wertlose Dinge gehandelt, so würden die Engländer sich nicht so eifersüchtig gezeigt und nicht versucht haben, noch im letzten Augenblick den Deutschen bei der Flaggenhissung zuvorzukommen. Die wissenschaftliche Forschung hat aber auch seit jener Zeit immer klarer bewiesen, daß die deutschen Schutzgebiete, von einigen größeren unwirtlichen Strecken, wie sie sich in allen Kolonialländern finden, abgesehen, bedeutende Entwickelungsmöglichkeiten besitzen, und daß beträchtliche Teile von ihnen den Vergleich mit den besten englischen und französischen Kolonialgebieten nicht zu scheuen brauchen. Dies gilt allerdings nur von den tropischen Kolonien. Gebiete, die mit den gewaltigen Landmassen des britischen Kolonialreiches verglichen werden könnten, die sich eines gemäßigten Klimas erfreuen und zur dichten Besiedelung mit Weißen eignen, wie die südlichen Teile Kanadas und Australiens, Neuseeland usw., besitzt Deutschland nur in geringem Umfange.

Der Flächeninhalt der deutschen Kolonien ist etwa fünfmal so groß wie der Deutschlands; er beträgt rund 2,6 Millionen qkm. Dabei sind die 1911 in der Marokkokrisis von Frankreich zugestandenen Gebietsabtretungen am Kongo noch nicht mitberücksichtigt; durch sie wird sich der deutsche Besitz auf 2,9 Millionen qkm erhöhen. Das deutsche Kolonialreich ist größer als das holländische (2,0 Millionen qkm) und als das portugiesische (2,1 Millionen qkm). Das französische umfaßt dagegen rund 10, das englische sogar fast 29 Millionen qkm. Der Besitz Rußlands in Asien beträgt mehr als 16 Millionen qkm. Bei der Beurteilung des wirtschaftlichen Wertes dieser ungeheuren Flächen französischen, englischen und russischen Koloniallandes ist zu berücksichtigen, daß ein sehr beträchtlicher Teil des Gebietes, wahrscheinlich seine größere Hälfte, nicht zur Kolonisation verwendbar ist, entweder wegen zu großer Kälte (Kanada, Sibirien) oder wegen zu großer Dürre (Mittel- und Südafrika, Mittelasien, Australien).

Die deutschen Schutzgebiete sind verhältnismäßig schwach bevölkert; sie enthalten etwa 14 Millionen Einwohner. Auf 1 qkm entfallen also durchschnittlich 5 Menschen (in Deutschland 120). Das englische Kolonialreich hat rund 350 Millionen Einwohner, das französische 50, das holländische 40, das russische etwa 20, das portugiesische 8 Millionen. Von den 350 Millionen Bewohnern englischer Kolonien kommen fast 300 Millionen auf Indien; die übrigen englischen Besitzungen sind also durchschnittlich sehr schwach bevölkert; das gilt vor allem für Kanada und Australien.

Der Kulturzustand der Eingeborenen der deutschen Schutzgebiete ist kein einheitlicher. Neben seßhaften, friedlichen Ackerbauern finden sich unruhige, kriegerische, meistens Viehzucht treibende Nomaden. In vielen Gegenden sind einzelne Gewerbe bereits hoch entwickelt, so die Töpferei, die Flechtkunst, das Spinnen und Weben, die Erzgewinnung und die Schmiedekunst, die Bearbeitung des Holzes, Hornes und Leders, die Baukunst usw. Von den Missionaren haben die Eingeborenen vielfach weitere Fertigkeiten gelernt. Fast alle sind anstellig und bildungsfähig und können bei vernünftiger und wohlwollender Behandlung zu weiterer produktiver Arbeit herangezogen werden. Die „Faulheit" des Negers, über die der fleißige Europäer häufig schilt, scheint nicht ein Rassemerkmal, sondern nur ein Zeichen tieferer Kultur zu sein. Es bedarf einiger Zeit, bis sich der freie, waffenfrohe Krieger und Jäger, der als solcher der höchsten Anstrengung fähig ist, zu friedlichen wirtschaftlichen Arbeiten herabläßt, die er als Sache der Sklaven und Frauen bisher verachtet hat.

Höchst bedauerlich ist, daß sich die deutschen Schutzgebiete zur dauernden Massenbesiedelung mit Weißen nur in geringem Maße eignen. Deutsch-Südwestafrika, die einzige nichttropische Kolonie, die wir — abgesehen von dem kleinen und dichtbevölkerten Kiautschou — haben, ist, soweit wir heute urteilen können, wegen Wassermangels fast nur zu extensiver Bewirtschaftung, hauptsächlich zur Viehzucht, weniger zum Ackerbau geeignet, und kann infolgedessen nur eine dünne Bevölkerung ernähren; möglich ist allerdings, daß der Bergbau der Kolonie neue Nährquellen erschließt, wozu bereits Ansätze gemacht sind. Wahrscheinlich ist auch, daß die hohen Bergländer Deutsch-Ostafrikas trotz ihrer Äquatornähe sich zur Besiedelung mit Weißen eignen. Indessen ist dies noch nicht ganz einwandfrei festgestellt. Sicher ist leider, daß sich Deutsche in den meisten Teilen ihres Kolonialreiches nur vorübergehend, und auch dann nur unter erheblicher Gefährdung ihrer Gesundheit, aufhalten können. Die Tropenmedizin trägt allerdings dazu bei, diese Gefahren ständig zu verringern. Gegenwärtig aber liegen die Verhältnisse noch so, daß die deutschen Auswanderer, namentlich die wenig bemittelten, nur in geringer Zahl in den deutschen Schutzgebieten eine neue Heimat finden können.

Die Bodenschätze der deutschen Kolonien sind, soweit wir unterrichtet sind, denen der benachbarten englischen Kolonialgebiete an der Guineaküste, in Süd-, Zentral- und Ostafrika, in der Südsee gleichwertig. Immer mehr bricht sich die Überzeugung Bahn, daß Kamerun und Deutsch-Ostafrika zu den fruchtbarsten Gebieten des tropischen Afrika gehören und auch wertvolle Mineralien bergen. In Südwestafrika hat man bedeutende Diamantenlager entdeckt. Togo erzeugt schon jetzt so viel, daß es keinen

Reichszuschuß braucht. Auch die Südseekolonien erfreuen sich günstiger Produktionsbedingungen.

Leider bereitet die Hebung der Naturschätze der Kolonien gegenwärtig noch unendliche Schwierigkeiten. Das größte Hindernis ist die Mangelhaftigkeit der Verkehrsmittel; es fehlt in den gewaltigen Gebieten an Straßen, Eisenbahnen, Posteinrichtungen, schiffbaren Flüssen, Hafenanlagen usw. Manches ist in den zwei bis drei Jahrzehnten deutscher Herrschaft schon hergestellt worden; aber die Mittel, die bis vor kurzem im Deutschen Reiche für Verkehrseinrichtungen in den Schutzgebieten, namentlich für Bahnen und Häfen, flüssig gemacht wurden, waren verhältnismäßig sehr gering. Erst in den letzten Jahren, nach den üblen Erfahrungen in Südwest- und Ostafrika, ist die Notwendigkeit größerer Kapitalaufwendungen erkannt worden. Der Eisenbahnbau in den Kolonien hat auch schon erhebliche Fortschritte gemacht. Mit Sicherheit ist zu erwarten, daß nach der Anlage eines größeren Netzes von Wegen, Straßen, Eisenbahnen und Telegraphenlinien, nach Verbesserung der Seehäfen, nach Schiffbarmachung geeigneter Flußläufe die Produkte der deutschen Kolonien, ihrer fruchtbaren Plantagen, ihrer riesigen Wälder, ihrer ausgedehnten Weideflächen, ihrer reichen Minerallager, in großen Mengen dem Weltmarkte zuströmen und mit erheblichem Gewinn Absatz finden werden.

Trotz der Ungunst der Verkehrsverhältnisse ist der Gesamtwert des Außenhandels der deutschen Schutzgebiete in wenigen Jahren (1902 bis 1910) von 100 auf ungefähr 360 Millionen Mark gestiegen; er kommt, um einen Vergleich aus Europa zu wählen, gegenwärtig etwa dem Außenhandel Griechenlands und Serbiens zusammengenommen gleich. Ein Drittel dieses Verkehrs fällt allerdings auf Kiautschou; der Durchgangshandel des dortigen Freihafens Tsingtau nach den chinesischen Teilen Schantungs ist mit eingerechnet. Genauere statistische Angaben finden sich in der Anlage. Die Hauptausfuhrartikel der tropischen Kolonien Deutschlands sind Kautschuk und Guttapercha, Kopra, Palmkerne, Palmöl, Kaffee, Kakao, Wachs, Hanf, Elfenbein, Häute und Felle, Erdnüsse, Sesam, Mais, Baumwolle. Südwestafrika liefert vor allem Diamanten und Kupfererze. Die wichtigsten Einfuhrartikel der deutschen Kolonien sind Textil-, Eisen-, Holz-, Leder-, Glas-, Tonwaren, Zement, Kohlen, Drogen, Nahrungsmittel (Fleisch, Reis, Mehl, Zucker), Genußmittel (Branntwein, Bier, Wein), Maschinen und Waffen.

Über Flächeninhalt, Bevölkerung und Verkehrsanstalten der deutschen Schutzgebiete unterrichtet die folgende Tabelle:

	Ostafrika	(Alt) Kamerun	Togo	Südwestafrika	Neuguinea	Karolinen, Palau usw.	Samoa	Kiautschou
Flächeninhalt (1000 qkm) . . .	995	496	87	835	240	2,5	2,6	0,6
Bevölkerung (1910) (1000)	10 000	2 717	1000	75	530	52	34	161
Ansässige Weiße . .	4 227	1 455	363	13 962	723	320	490	3 896
Eisenbahnen Ende 1911 fertig . .	1 065	160	323	1 909	—	—	—	436
Eisenbahnen Ende 1911 im Bau .	134	360	2	195	—	—	—	(Schantung)
Postanstalten (1910)	42	33	14	68	9	8	8	11
Telegraphenanstalten (1910)	30	18	18	47	—	—	—	3

7. Handelsbilanz.

Aus der Außenhandelsstatistik ergibt sich, daß seit Jahren Deutschlands Einfuhr erheblich größer als seine Ausfuhr ist. Diese Tatsache, die viele auf den ersten Blick stark befremdet, bedarf der Erklärung. Wie ist die Bilanz des deutschen Außenhandels zu beurteilen? Hier ist zunächst zur Vorsicht gegenüber dem gewöhnlichen Sprachgebrauch zu mahnen. Man nennt allgemein die Bilanz aktiv oder günstig, wenn die Ausfuhr größer ist als die Einfuhr; überwiegt dagegen die Einfuhr, so spricht man von einer passiven oder ungünstigen Handelsbilanz. Deutschlands Handelsbilanz wäre demnach passiv oder ungünstig.

Die Ausdrücke aktiv und passiv, günstig und ungünstig entstammen dem Sprachgebrauche der „Merkantilisten". Sie kamen zur Zeit des Übergangs von der „Naturalwirtschaft" zur „Geldwirtschaft" in Anwendung, also zu einer Zeit, in der es wichtig war, viel Gold und Silber aus dem Auslande einzuführen, um Material zur Ausprägung von Münzen zu erhalten. Dazu sollte das Überwiegen der Ausfuhr über die Einfuhr führen; der „Saldo" sollte in Edelmetall beglichen werden. Diesen guten Sinn haben die Worte „Gunst" und „Aktivität" der Handelsbilanz im Laufe der Jahrhunderte längst verloren. Nach der Durchführung der „Geldwirtschaft" ist aus „Vernunft" „Unsinn" geworden.

Unter den heutigen Verhältnissen kann der Gebrauch der Ausdrücke aktiv und passiv, günstig und ungünstig nur Mißverständnisse hervorrufen; er erweckt den Anschein, als sei ein Überwiegen der Einfuhr über die Ausfuhr unter allen Umständen etwas Schlechtes und ein Überwiegen der

Ausfuhr über die Einfuhr etwas Gutes. Man denkt dann vergleichsweise an einen Geschäftsmann, der mehr verkauft und infolgedessen mehr Geld einnimmt, als er kauft und Geld ausgibt; man weiß, daß er dadurch vermögend wird. So soll auch ein Volk durch eine aktive Bilanz bereichert werden. In beiden Fällen wird die Rolle des Geldes mißverstanden. Das Geld übernimmt nur die Vermittelung des Warenaustausches. Für den Geschäftsmann ist das Einnehmen von Geld, d. h. von Gold- und Silberstücken u. dgl., nicht das letzte Ziel, sondern nur eine Zwischenstufe; er ist erst am Ziele, wenn er sich durch Vermittelung des eingenommenen Geldes in den Besitz von den Gütern, die er begehrt, also etwa von Grundstücken, Häusern, Luxusgegenständen, Lebensmitteln usw. gesetzt hat, d. h. wenn er das Geld wieder ausgegeben hat. Er gab seine Waren hin, um andere Waren zu erlangen. So ist es auch im internationalen Verkehr. Auch hier spielt das Geld nur eine Vermittlerrolle; vielfach braucht man das Geld, d. h. die Münzen und Scheine, überhaupt nicht, sondern rechnet nur durch Übertragungen in den Büchern ab. Nicht Geld nehmen die Völker für ihre ausgeführten Waren ein, sondern andere Waren. Die Einfuhr dient zur Bezahlung der Ausfuhr und umgekehrt. Zuweilen gehören allerdings Gold und Silber selbst zu den begehrten Waren; man braucht diese Metalle zur Herstellung von Schmuckgegenständen, Münzen usw. So führen die Völker, welche keine Gold- und Silberbergwerke haben, regelmäßig Edelmetalle aus den Produktionsländern derselben ein, z. B. England aus Amerika, Südafrika und Australien. Aber dieses Edelmetall, gemünzt oder ungemünzt, ist nur eine Ware unter vielen. Daher spielt auch der Edelmetallverkehr im gesamten internationalen Warenaustausch nur eine untergeordnete Rolle. Bei den oben (S. 10 und 13) angegebenen Außenhandelsziffern Deutschlands waren die Edelmetallwerte miteinbegriffen. Deutschland führt nicht etwa in jedem Jahr, wie manche wähnen, Milliarden Mark in Gold und Silber zur Bezahlung seines riesigen Einfuhrüberschusses an das Ausland ab — soviel Metallgeld ist in Deutschland überhaupt nicht vorhanden —, sondern, im Gegenteil, es erhält Jahr für Jahr regelmäßig, wie bereits angegeben wurde (S. 32), durch den Auslandsverkehr eine Vermehrung seines Edelmetallvorrates. Deutschland führte nach der amtlichen Statistik in den letzten zehn Jahren durchschnittlich 190 Millionen Mark an Gold und Silber mehr ein als aus.

Wenn man sich diese untergeordnete Rolle des Edelmetallverkehrs klarmacht, so muß es wenig glaubhaft erscheinen, daß ein Land, wie Deutschland, das alljährlich sehr viel mehr Waren, d. h. Gebrauchs- und Verbrauchsgegenstände aller Art, vom Auslande empfängt, als es an dasselbe abgibt, dabei verarmt. Tatsächlich haben auch fast alle wohlhabenden und wirtschaftlich fortschreitenden Länder, wie England, Deutschland, Frankreich, Holland, Belgien u. a. eine passive Handelsbilanz, während z. B. in Rußland die Handelsbilanz aktiv ist. (Vgl. den Anhang.)

Diese Erscheinung bedarf einer weiteren Erläuterung. Unterziehen wir die Handelsbilanz Deutschlands einer genaueren Prüfung.

Der Außenhandel Deutschlands hatte seit 1880 folgenden Umfang (Angaben in Millionen Mark:)

	Einfuhr	Ausfuhr	Überschuß der Ausfuhr über die Einfuhr
1880	2844	2977	+ 133
1881	2990	3094	+ 104
1882	3135	3280	+ 145
1883	3249	3324	+ 75
1884	3261	3256	— 5
1885	2975	2911	— 64
1886	2941	3042	+ 101
1887	3186	3193	+ 7
1888	3429	3356	— 73
1889	4087	3256	— 831
1890	4273	3410	— 863
1891	4403	3340	— 1063
1892	4227	3150	— 1077
1893	4134	3245	— 889
1894	4286	3051	— 1235
1895	4246	3424	— 822
1896	4558	3754	— 804
1897	4865	3786	— 1079
1898	5440	4011	— 1429
1899	5784	4368	— 1416
1900	6043	4753	— 1290
1901	5710	4513	— 1197
1902	5806	4813	— 993
1903	6321	5130	— 1191
1904	6854	5316	— 1538
1905	7436	5842	— 1594
1906	8439	6479	— 1960
1907	9003	7095	— 1908
1908	8077	6481	— 1596
1909	8860	6859	— 2001
1910	9306	7644	— 1662
1911	10007	8224	— 1783

Seit 1888/89 ist also Deutschlands Handelsbilanz dauernd stark „passiv". Jedoch wäre es falsch, anzunehmen, daß die Passivität erst mit diesem Zeitpunkt begonnen habe; sie war zweifellos schon früher vorhanden. Wenn die Handelsbilanz zu Anfang der 80er Jahre aktiv erscheint, so ist das eine statistische Täuschung. Die Statistik bezieht sich nämlich nicht genau auf das Deutsche Reich, sondern auf den deutschen Zollverein. Diesem gehörten Hamburg und Bremen vor 1888/89 nicht an. Als die beiden Hansastädte 1888 dem Zollverein beitraten, kam zur bisherigen Einfuhr des Zollvereins die sehr bedeutende Einfuhr der beiden Städte für den eigenen Konsum hinzu; auf der Einfuhrseite finden wir daher eine plötzliche starke Steigerung. Umgekehrt fiel von der bisherigen Ausfuhr des deutschen Zollvereins die nach Hamburg und Bremen von jenem Zeitpunkte an weg; der Konsum deutscher Inlandsprodukte in den beiden Städten war aber nicht unerheblich, während ihre eigene Produktion nur gering war. Die Ausfuhr erschien nach diesen Abstrichen in der Statistik daher jahrelang als fast stationär. So zeigte sich 1888/89 plötzlich der starke Einfuhrüberschuß Deutschlands, der schon früher bestanden hatte und nur durch die Sonderstellung Hamburgs und Bremens verdeckt worden war.

In den letzten zehn Jahren betrug der Überschuß der Einfuhr Deutschlands über die Ausfuhr durchschnittlich etwa 1600, früher etwa 900 bis 1400 Millionen Mark.

Die deutsche Handelsstatistik zeigt noch folgende wichtige Tatsache: Ein- und Ausfuhr bewegten sich im großen und ganzen parallel. Sie gingen fast regelmäßig, wenn auch nicht mit vollständiger Genauigkeit, gleichzeitig in die Höhe oder wieder herunter.

Dieser auch in anderen Ländern beobachtete „Parallelismus" von Ein- und Ausfuhr beruht auf der Tatsache, daß die Grundlage alles internationalen Verkehrs der Warenaustausch ist. „Waren kaufen Waren." Kann ein Land einmal, vielleicht infolge einer Mißernte, weniger Waren verkaufen, so hat es auch weniger Mittel zum Einkauf von Waren; es geht dann nicht nur die Ausfuhr, sondern auch die Einfuhr zurück. Umgekehrt steigt bei reichlicher Ernte nicht nur die Ausfuhr, sondern wegen erhöhter Kaufkraft des Landes auch die Einfuhr.

Es gibt jedoch bemerkenswerte Abweichungen von diesem Parallelismus. Es können Kräfte wirksam werden, die entweder die Einfuhr oder die Ausfuhr einseitig anschwellen oder zusammenschrumpfen lassen und schließlich den Unterschied zwischen Ein- und Ausfuhrwerten so erheblich erscheinen lassen, daß das trotz allem fortwirkende Gesetz des Parallelismus kaum noch erkennbar ist. Durch das Einwirken solcher Kräfte sind auch die großen und ständig zunehmenden Unterschiede zwischen den Ein- und Ausfuhrwerten Deutschlands entstanden. Nur wenn man sie berücksichtigt, wird die Handelsbilanz Deutschlands verständlich.

Internationale Warensendungen entspringen nicht immer dem einfachen Güteraustausch, d. h. der Hingabe von Spezialartikeln des einen Landes gegen Spezialartikel eines anderen; sie können auch aus anderen Gründen entstehen, z. B. zur Bezahlung von Dienstleistungen (Fracht, Kommission, Versicherung usw.), zur Übertragung von Kapitalien, zur Bezahlung von Schulden, die nicht aus Tauschgeschäften (bzw. Kauf und Verkauf) entstanden sind (Kapitalzinsen, Kriegsschulden, Erbschaftsschulden, Schenkungen), zum Unterhalt von Reisenden. Diese Warensendungen sind dann einseitig; sie stören das auf dem internationalen Tauschverkehr beruhende Gleichgewicht. Die Leistungen erfolgen natürlich in fast allen Fällen nicht unmittelbar durch Übersendung von Waren von dem Schuldner an den Gläubiger, sondern durch Vermittelung des internationalen Kreditverkehrs; mittelbar aber haben sie doch Warensendungen zur Folge:

Der Export Deutschlands kann also umfassen:

1. Waren zur Bezahlung von Importwaren, die Deutschland konsumieren will,

2. deutsche Kapitalien, die im Auslande angelegt werden sollen,

3. Waren zur Bezahlung von Zinsen (Dividenden, Gewinnen u. dgl.) für Kapitalien, die das Ausland in Deutschland angelegt hat,

4. ausländische Kapitalien, welche in Deutschland angelegt waren und zurückbezahlt werden,

5. Waren zur Bezahlung fremder Dienstleistungen (Fracht, Kommission, Versicherung u. dgl.) für Deutschland,

6. Waren zum Unterhalt von Deutschen (Reisenden, Studierenden) im Auslande,

7. Waren zur Bezahlung von Schulden Deutschlands, die aus sonstigen Anlässen (Kriegen, Todesfällen, Schenkungen usw.) entstehen.

Ebenso kann sich der Import Deutschlands aus den verschiedensten Bestandteilen zusammensetzen. Er kann umfassen:

1. Waren, die Deutschland im Austausch gegen seine Exportartikel empfängt,

2. fremde Kapitalien, die in Deutschland angelegt werden sollen,

3. Waren zur Bezahlung von Zinsen (Dividenden, Gewinnen u. dgl.) für Kapitalien, die Deutschland im Auslande angelegt hat,

4. deutsche Kapitalien, welche im Auslande angelegt waren und zurückbezahlt werden,

5. Waren zur Bezahlung deutscher Dienstleistungen (Fracht, Kommission, Versicherung u. dgl.) für das Ausland,

6. Waren zum Unterhalt von Ausländern (Reisenden, Studierenden) in Deutschland,

7. Waren zur Zahlung von Schulden des Auslandes, die aus sonstigen Anlässen (Kriegen, Todesfällen, Schenkungen usw.) entstehen.

Für Deutschland gestaltet sich die Rechnung auf Grund von sachkundigen Schätzungen etwa folgendermaßen: Nehmen wir an, daß Deutschlands Einfuhr 9300 Millionen Mark, seine Ausfuhr 7600 Millionen Mark beträgt. Dann erhält Deutschland 1700 Millionen Mark, ohne direkt Waren für sie hinzugeben. Es erhält sie vom Auslande auf Grund anderer Gegenleistungen, nämlich weil es dem Auslande früher Kapital geliehen und ihm Fracht-, Kommissions- und andere Dienste geleistet hat. Die Summen, die ihm aus diesen Anlässen zufließen sollten, sind sogar erheblich höher als jene Differenzsumme von 1700 Millionen Mark. Die deutsche Seeschiffahrt allein wird jetzt Einnahmen von etwa 400 Millionen Mark haben. Dazu kommen erhebliche Bezüge der deutschen Eisenbahnen aus dem Auslande, sagen wir 100 Millionen Mark. Die 35 Milliarden deutschen im Auslande bzw. in ausländischen Effekten angelegten Kapitals würden bei 5prozentiger Verzinsung eine Rente von 1750 Millionen Mark abwerfen. Da manche Gebiete des Auslandes, namentlich Nordamerika, begonnen haben, die von Deutschland geliehenen Kapitalien zurückzuzahlen (z. B. durch Rückkauf amerikanischer Effekten), ist ein größerer Betrag hierfür, etwa 250 Millionen Mark, einzusetzen. Auch bei den übrigen Posten dürfte sich für Deutschland ein gewisser Überschuß, sagen wir 300 (400—100) Millionen Mark, ergeben. Das sind im ganzen 2800 Millionen Mark, also 1100 Millionen Mark mehr, als zur Ausgleichung der Differenz notwendig wären. Nehmen wir an, daß Deutschland dem Auslande 100 Millionen Mark Zinsen u. dgl. schuldet und für 300 Millionen Mark deutsche Produkte zur Kapitalanlage ins Ausland schickt, so beträgt der Überschuß für die deutsche Volkswirtschaft noch 700 Millionen Mark. Hier würden wir anzunehmen haben, daß diese 700 Millionen Mark im Auslande stehen bleiben und weiter für deutsche Rechnung werbend angelegt werden. Die Kapitalanlage der Deutschen im Auslande würde sich also jährlich im ganzen um 1000 Millionen Mark — bez. 750 Millionen, wenn man die Rückzahlung von 250 Millionen Mark abrechnet — vermehren, eine Annahme, die den früheren Schätzungen entspricht.

Schematisch läßt sich das Gesagte folgendermaßen darstellen:

Das Ausland schuldet Deutschland:

	7 100	Millionen Mark	für Warenlieferung
+	500	= =	für Frachtdienste u. dgl.
+	1 750	= =	als Kapitalrente
+	250	= =	zur Rückzahlung von Kapital
+	400	= =	für sonstige Leistungen
	10 000	Millionen Mark	im ganzen
—	700	= =	zurückbehalten zur Kapitalanlage
	9 300	Millionen Mark	wirkliche Einfuhr.

Deutschland schuldet dem Auslande:

	7 100	Millionen Mark	für Warenlieferung
+	100	= =	als Kapitalrente
+	1 000	= =	zu neuer Kapitalanlage
+	100	= =	für sonstige Leistungen
	8 300	Millionen Mark	im ganzen
—	700	= =	überwiesen zur Kapitalanlage
	7 600	Millionen Mark	wirkliche Ausfuhr.

Eine derartige Zusammenstellung der Verpflichtungen eines Landes gegenüber dem Auslande und seiner Ansprüche an das Ausland nennt man gewöhnlich die *Zahlungsbilanz* des Landes; besser ist wohl die (von Sartorius v. Waltershausen vorgeschlagene) Bezeichnung *Verpflichtungsbilanz*.

In *England* ist der Überschuß der Einfuhr über die Ausfuhr noch viel größer als in Deutschland; man führt dort jahraus, jahrein ungefähr 3 bis 4 Milliarden Mark mehr ein als aus. Das ist auch ganz erklärlich, wenn man bedenkt, wie ungeheure Summen an Zinsen und Dividenden England aus fast allen Teilen der Welt bezieht, und wieviel es für seine Transport- und Vermittlerdienste vom Auslande zu fordern hat. Aus den Vereinigten Staaten von Amerika allein, wo die Engländer riesenhafte Kapitalien in Eisenbahnen, Ländereien usw. angelegt haben, empfängt England jährlich oft 1½ bis 2 Milliarden Mark mehr, als es dorthin sendet; darin wird wohl teilweise auch eine Bezahlung amerikanischer Wertpapiere enthalten sein, die von England wieder über den Ozean zurückwandern.

Die eine große Ausnahme von der Regel, daß die wirtschaftlich fortgeschrittenen Staaten eine passive Handelsbilanz haben, bildet die *nordamerikanische Union*. Nach der amerikanischen Handelsstatistik übertrifft der Wert der Ausfuhr der großen Republik den der Einfuhr im Jahre durchschnittlich um etwa 450 Millionen Dollars. Die Amerikaner sind auf diese aktive Handelsbilanz in der Regel sehr stolz, vielleicht nicht ganz mit Unrecht. Sie glauben allerdings meistens, bei dieser „günstigen" Bilanz ein glänzendes Geschäft zu machen, auf Grund der oben besprochenen irrtümlichen Vorstellungen von der Bedeutung des Geldes in der Handelsbilanz. In Wirklichkeit führen die Amerikaner jene großen Warenmengen ohne direkte Gegenleistung in Waren an das Ausland ab, weil sie dazu gezwungen sind. Sie sind, wie bereits bei der Besprechung der Kapitalanlagen (S. 27) hervorgehoben wurde, dem Auslande, namentlich den europäischen Staaten, in erster Linie England und Deutschland, tief verschuldet. Sie müssen Zinsen bezahlen für die gewaltigen, früher in Nordamerika angelegten europäischen Kapitalien; ein großer Teil der Aktionäre amerikanischer Industrie-, Handels- und Verkehrsunternehmungen und der Besitzer von amerikanischem Grund und Boden wohnt in England, Deutschland usw. und läßt sich Dividenden, Renten usw. über den Ozean schicken. Die Amerikaner müssen auch große Summen für Fracht, Versicherung, Kommission u. dgl. an europäische Firmen bezahlen. Ferner sind die Amerikaner in neuerer Zeit infolge der längeren Blüte ihrer Landwirtschaft und Industrie in der Lage, amerikanische Wertpapiere von den Europäern zurückzukaufen, und wenn sie dies tun, wie es in den letzten Jahren vielfach festgestellt worden ist, so müssen sie zur Bezahlung der Wertpapiere wiederum große Mengen Waren ohne entsprechende Wareneinfuhr nach Europa senden. Der Stolz des Amerikaners auf seine günstige Handelsbilanz ist also berechtigt als Stolz eines Mannes, der viele Schulden und viele Bedürfnisse hat, aber in der glücklichen Lage ist, alle seine Gläubiger laufend befriedigen, ja sogar einen Teil seiner Schulden allmählich abtragen zu können. Wenn die Zunahme ihres Reichtums es der nordamerikanischen Union im Laufe der Jahre ermöglichen wird, aus der Reihe der Schuldnerstaaten auszuscheiden, ja wohl selbst ein Gläubigerstaat wie England, Frankreich oder Deutschland zu werden, so wird zweifellos die amerikanische Handelsbilanz aufhören, aktiv zu sein. Die Einfuhr der Union wird dann, genau wie jetzt die Englands und Deutschlands, ihre Ausfuhr überragen; übrigens war die Handelsbilanz der Vereinigten Staaten bereits in früheren Jahrzehnten, in denen die europäischen Kapitalanlagen die amerikanische Einfuhr anschwellen ließen, passiv.

Unter den europäischen Staaten fällt besonders Rußland durch seine stark „aktive" Handelsbilanz auf. Diese Aktivität ist ein Anzeichen der wirtschaftlichen Schwäche des russischen Reiches. Rußland hat sich in den letzten Jahrzehnten Milliarden und Milliarden vom Auslande, namentlich von Frankreich, geliehen und muß sie nun regelmäßig verzinsen. Seine Ausfuhrüberschüsse sind in der Hauptsache Zinszahlungen.

Zum Verständnis der Handelsbilanz eines Staates bedarf es also in allen Fällen einer genaueren Untersuchung seiner „Verpflichtungsbilanz". Erst nach einer eingehenden Prüfung der Zusammensetzung und der Gründe der Ein- und Ausfuhr kann man erkennen, ob eine bestimmte, aktive oder passive, Handelsbilanz bedenklich ist oder nicht.

Deutschland und England befinden sich bei ihrer passiven Handelsbilanz sehr wohl, ebenso aber auch die Vereinigten Staaten von Amerika bei ihrer aktiven.

II. Natürliche und geschichtliche Grundlagen der Stellung Deutschlands in der Weltwirtschaft.

Aus den zusammengestellten Tatsachen ergibt sich, daß Deutschlands Stellung innerhalb der Weltwirtschaft eine glänzende ist. Nur von England wird es noch überstrahlt. Neben England gebührt dem deutschen Volke gegenwärtig im Weltverkehr der Vorrang unter den Nationen der Erde. Diese bevorzugte Stellung hat den Neid anderer Völker und manche mißgünstige und abfällige Beurteilung hervorgerufen. Namentlich bezweifelt man gerne die Dauerhaftigkeit der wirtschaftlichen Erfolge Deutschlands; man spricht von Treibhauskultur und sagt empfindliche Rückschläge voraus. Auch in Deutschland selbst fehlt es nicht an Schwarzsehern, die der fortschreitenden „Industrialisierung" des Landes und seiner immer fester werdenden Verflechtung in das Netz des Weltverkehrs zweifelnd und ängstlich gegenüberstehen und gelegentlich sogar der neuen wirtschaftlichen Entwickelung Deutschlands ein Ende mit Schrecken prophezeien. Manche Mißstände, die mit dem allgemeinen wirtschaftlichen Fortschritt verknüpft sind, sind auch offenkundig, und nicht alle Bedenken jener Kritiker sind ohne weiteres abzuweisen.

Neben den großen unbestreitbaren Vorteilen der intensiven Teilnahme Deutschlands am Weltverkehr sind auch die Nachteile und Gefahren derselben sorgsam ins Auge zu fassen. Es ist zu überlegen, ob die hervorragende Stellung Deutschlands wirklich gesichert ist. Dazu bedarf es zunächst der Beantwortung der Frage, ob die Grundlagen der wirtschaftlichen Entwickelung Deutschlands gesund sind und Bestand versprechen. Der Aufschwung ist in den letzten Jahrzehnten mit solcher Schnelligkeit erfolgt, daß Zweifel an der Fortdauer der aufwärtsdrängenden Kräfte nicht unberechtigt erscheinen, und daß eine Prüfung der Beschaffenheit dieser Kräfte besonders notwendig ist.

Worauf beruht also die neuere wirtschaftliche Entwickelung Deutschlands? Welches sind die Grundlagen und die treibenden Kräfte? Warum ist gerade Deutschland in den letzten Jahrzehnten so rasch in die Höhe gekommen?

Die wirtschaftliche Entwickelung eines Landes hängt von sehr zahlreichen Faktoren ab, von der Ausstattung des Landes durch die Natur, von seiner Größe, von der Zahl und Beschaffenheit seiner Bewohner, der lebenden wie der hingegangenen Geschlechter, von sozialen Verhältnissen verschiedenster Art, der Gesellschaftsverfassung, dem Rechtswesen, dem Schulwesen, dem Militärwesen, von der Wirtschafts- und Machtpolitik usw. Es gibt kaum irgend etwas im menschlichen Leben, das nicht auch von wirtschaftlicher Bedeutung wäre. Alle Lebensverhältnisse müssen daher berücksichtigt werden, wenn es gilt, die wirtschaftliche Entwickelung zu erklären. Hier können allerdings nur kurze Andeutungen gegeben werden; nur auf das für die wirtschaftliche Entwickelung Deutschlands Wichtigste soll hingewiesen werden. Auf die Verhältnisse in den anderen bedeutenden Ländern kann nur kurz vergleichsweise eingegangen werden.

Wenn übrigens im folgenden versucht werden soll, die Ursachen des wirtschaftlichen Aufblühens Deutschlands klarzulegen, so ist doch von vornherein zu bemerken, daß es nicht möglich ist, etwa die „Notwendigkeit" der aufsteigenden Entwickelung darzutun. Bei allem menschlichen Geschehen bleibt vieles unerklärbar; und immer wieder drängt uns die Erwägung der menschlichen Ohnmacht einerseits und der menschlichen Willensfreiheit anderseits den Gedanken auf, daß es auch anders hätte kommen können. In unserer Unfähigkeit, das Gewordene ganz zu verstehen, sprechen wir dann von „Zufall", von „Glück" und „Unglück", vom Walten der „Vorsehung". Und werden wir nicht immer wieder gezwungen, zu bekennen: „Alles Höchste, es kommt frei von den Göttern herab!"

Deutschland ist von der Natur in hohem Maße begünstigt worden. Sie hat es mit Gaben ausgestattet, die eine reichliche, mannigfaltige Produktion ermöglichen. Sicherlich gibt es einige Gebiete im Auslande, die von der Natur noch freigebiger beschenkt worden sind als Deutschland, aber gewiß nur wenige. Manche Zweige der Urproduktion mögen sich in einigen fremden Staaten noch besser entwickeln können als auf deutschem Boden; für die gewerbliche Tätigkeit hat sicher kein Land günstigere natürliche Vorbedingungen als das unsrige. Deutschland gehört zu den auf der Erde so „engbegrenzten Gebieten, an welchen eine hohe und allseitige, reiche wirtschaftliche Entwickelung möglich ist" (Schmoller).

Der Boden Deutschlands bringt wirtschaftlich nutzbare Gewächse in großer Fülle hervor. Nur ein ganz geringer Teil des deutschen Bodens ist nicht verwertbar. Ungefähr die Hälfte der Oberfläche (49 Prozent) ist Acker- und Gartenland; ein Viertel (26 Prozent) besteht aus Waldland, ein Sechstel (16 Prozent) aus Wiesen und Weiden, und nur 9 Prozent entfallen auf „Haus- und Hofräume, Öd- und Unland, Wege, Gewässer usw.“ Damit vergleiche man, daß z. B. in Japan nur 16 Prozent, in Ägypten gar nur 2,5 Prozent des gesamten Bodens für den landwirtschaftlichen Anbau verwendbar sind, und daß vom Boden Britisch-Ostindiens fast die Hälfte unbebaubar ist; sogar in den Vereinigten Staaten von Amerika finden sich ungeheure Strecken völliger Wüste und öder Steppe. Allerdings eignet sich auch in Deutschland nicht das ganze Gebiet, da es teilweise arm an Niederschlägen, zu sandig oder aus anderen Gründen weniger ergiebig ist, zum Anbau aller Arten von Nutzpflanzen. Aber in welchem Lande gäbe es solche Verschiedenheiten der Bebauungsmöglichkeit nicht! Mag der Getreidebau hier und da auf Schwierigkeiten stoßen, die gesamte Getreideernte Deutschlands ist reichlich. Für die Kultur der Hackfrüchte ist der deutsche Boden vorzüglich geeignet. In der Kartoffel- und Zuckerrübenproduktion steht Deutschland allen anderen Ländern der Erde voran. Die beliebtesten und nahrhaftesten Gemüse- und Obstarten gedeihen in deutscher Erde vortrefflich. Mit England wetteifert Deutschland im Hopfenbau. Mit Frankreichs Weinbergen können allerdings die deutschen sich nicht in jeder Hinsicht, namentlich nicht an Umfang, messen; aber auch wir dürfen auf unsere Rebenhügel stolz sein. Gute Bedingungen bestehen ferner in Deutschland für die Blumenzucht und die Gewinnung von Sämereien. Hoch entwickelt ist in den regenreichen Niederungen und im Hochgebirge die Viehzucht. Ohnegleichen sind die deutschen Wälder, die nicht nur Stätten der Zuflucht und Erholung, sondern auch reiche Quellen wirtschaftlichen Gewinns sind.

Neben der landwirtschaftlichen Benutzbarkeit der Erdrinde ist ihr Gehalt an Rohstoffen für das Gewerbe von größter Bedeutung. Deutschland ist in dieser Hinsicht reich gesegnet. Der deutsche Boden enthält eine Fülle wertvoller Mineralien, Erze und Steine, Salze und Brennstoffe. Gewaltige Mengen Eisen-, Zink-, Kupfer- und Bleierz werden alljährlich durch die deutschen Bergwerke zutage gefördert. In letzter Zeit hatten die jährlich im deutschen Lande gewonnenen

Eisenerze	einen	Wert	von	106	Millionen	Mark
Zinkerze	"	"	"	40	"	"
Bleierze	"	"	"	16	"	"
Kupfererze	"	"	"	25	"	"
Silber- u. Golderze	"	"	"	1	"	"

An Steinsalz gewann man in Deutschland gleichzeitig jährlich 6, an Kalisalzen 81 Millionen Mark.

Ungefähr ein Sechstel aller auf der Erde produzierten Steinkohlen stammte aus deutschen Gruben; der Wert dieser für die deutsche Industrie so wichtigen Brennstoffe betrug in letzter Zeit jährlich etwa anderthalb Milliarden Mark; dazu kamen noch große Mengen Braunkohlen im Werte von durchschnittlich 180 Millionen Mark. Deutschlands Kohlenlager sind fast unerschöpflich; dagegen ist der Kohlenvorrat Englands, soweit man darüber unterrichtet ist, viel geringer; man rechnet dort bereits ernsthaft mit seiner Erschöpfung.

Wie die Zusammensetzung des deutschen Bodens, so ist auch die Gestaltung seiner **Oberfläche** für die Entfaltung reichen wirtschaftlichen Lebens sehr günstig. Ebenen und Höhenzüge sind in nicht nur landschaftlich schöner, sondern auch wirtschaftlich wertvoller Mannigfaltigkeit verteilt. Die Kraft des Windes in der Ebene und die des Wassers im Gebirge hat man schon lange auszunutzen gewußt. Ein großes Netz von Straßen und Eisenbahnen konnte ohne allzugroße Schwierigkeiten geschaffen werden. Deutschland hat den für die Entfaltung der wirtschaftlichen Kräfte außerordentlich wichtigen Vorzug der „Wegsamkeit". Die Gebirge erreichen nur vereinzelt eine solche Höhe und Ausdehnung, daß sie den Verkehr unmöglich machten. Vorzügliche natürliche Verkehrswege sind in den großen schiffbaren Strömen vorhanden. Die schönen natürlichen Wasserstraßen können ohne Aufwand zu großer Kosten durch künstliche untereinander in Verbindung gesetzt werden. In England ersetzt zwar die Meeresnähe und die günstige Küstengestaltung den Mangel großer schiffbarer Flüsse. Frankreich aber kann Handel und Verkehr bei weitem nicht so intensiv und leicht entwickeln wie Deutschland mit seinen großartigen Flußsystemen, namentlich des Rheins und der Elbe; die französischen Flüsse sind meistens zu flach oder zu reißend für einen größeren Verkehr. Die rasche Entwickelung der nordamerikanischen Volkswirtschaft beruht zum großen Teil auf den dortigen günstigen Verkehrsverhältnissen; die Union verfügt über weite Ebenen, auf denen sich Eisenbahnen leicht bauen lassen, sie besitzt den „Vater der Ströme", den Mississippi mit dem Missouri, und teilt mit Kanada die einzigartigen Schiffahrtsstraßen der großen Binnenseen. Für den Außenhandel hat allerdings das Stromnetz des Mississippi bei weitem nicht eine so große Bedeutung, wie man zunächst anzunehmen geneigt ist. Denn der Unterlauf des Riesenstromes ist noch zu wenig reguliert, teilweise sogar noch in neuerer Zeit infolge der Waldverwüstung „verwildert". Die Schiffahrt auf den vom Menschen noch nicht genügend gezähmten Wassermassen, die nicht selten ihren Lauf ändern, ist nicht ungefährlich. Für die Vermittelung des Verkehrs mit Europa ist es auch sehr ungünstig, daß der Mississippi im mexikanischen Golf, also weit abseits von der Europa gegenüber gelegenen Nordostküste der Vereinigten Staaten, mündet. So kommt es, daß der Verkehr des Mündungshafens der Elbe fünfmal so groß ist wie der des Mündungshafens des Mississippi (New Orleans).

Für die Teilnahme eines Landes am Weltverkehr ist seine Lage auf der Erdkugel von großer Bedeutung. In dieser Hinsicht ist Deutschland wiederum besonders begünstigt. Noch heute wickelt sich, wie bereits hervorgehoben wurde, der internationale Verkehr zum größten Teile, in Europa ab; an keiner anderen Stelle der Erde ist der Güteraustausch der Völker so lebhaft und umfassend wie hier. Deutschland aber hat das Glück, gerade im Mittelpunkt dieses wichtigsten Wirtschaftsgebietes der Erde zu liegen. So laufen die Fäden dieses Verkehrs vielfach in Deutschland zusammen. Es scheint, daß England, in dem sich bisher wegen seiner leichten Zugänglichkeit zur See und namentlich aus gewissen historischen Gründen der internationale Handel konzentrierte, allmählich ein wenig abseits gedrängt wird. Ihm war es zugute gekommen, daß das Eintreten Nordamerikas in den Kreis der größeren Handelsstaaten seine Lage zu einer zentralen gestaltete, und daß die Schiffahrt der europäischen Festlandsstaaten nur schwach entwickelt war. Heute besteht für die Schiffe, welche den Verkehr zwischen dem kontinentalen Europa und der überseeischen Welt vermitteln, kein Zwang, immer auch England anzulaufen; und so ist die Bedeutung der Häfen Hamburg, Bremen, Rotterdam, Antwerpen, Havre, Marseille, Genua usw. bedeutend gestiegen. Die Eröffnung des Suezkanals und der Bau der Alpenbahnen haben in hohem Maße dazu beigetragen, den Mittelpunkt des Verkehrs nach Deutschland zu verlegen; der ganze Handel des Orients, Indiens, Ostasiens und Australiens mit dem kontinentalen Europa konnte sich seitdem besser unmittelbar über die mittelländischen Seehäfen als über die abseits gelegenen englischen bewegen. Die gleiche Wirkung wird von der geplanten Schienenverbindung Südosteuropas mit dem Persischen Meerbusen ausgehen; mit Recht interessieren sich daher die Deutschen lebhaft für den Bau der Bagdadbahn. Auch die sibirische Bahn wird dazu beitragen, den Weltverkehr nach Deutschland zu lenken.

Wichtig ist, daß Deutschland freien Zugang zum Weltmeere hat. Die Gestaltung der deutschen Seeküste ist allerdings bei weitem nicht so günstig, wie die mancher anderen Staaten, namentlich Englands. Indessen verfügt Deutschland über mehrere gute Seehäfen, und diese sind, was außerordentlich wichtig ist, mit den großen Binnenwasserstraßen in so glücklicher Weise verbunden, daß von ihnen aus weite Teile des Landes mit fremden Produkten leicht versorgt werden können, und daß in ihnen die einheimischen Waren, die über See geschafft werden sollen, sich in großen Mengen bequem zur Verladung sammeln. Dem Rheine müssen allerdings fremde Seehäfen, namentlich Rotterdam, zur Vermittelung des Verkehrs mit überseeischen Gebieten dienen. Wenn sich der Seeverkehr Frankreichs nicht so entwickelt hat, wie der deutsche, so liegt das zum großen Teil daran, daß seine Seehäfen nicht so bequem durch Binnenwasserstraßen mit einem großen Hinterlande in Verbindung stehen.

Ein anderer außerordentlich wichtiger Faktor für die wirtschaftliche Entwickelung ist das Klima. Einerseits hängen die Ansprüche, welche die Menschen an Wohnung, Kleidung und Nahrung stellen, in hohem Maße vom Klima ab; und die deutsche Bevölkerung scheint in dieser Hinsicht schlechter gestellt zu sein als die mancher südlich gelegenen Länder. Anderseits werden aber auch Arbeitsfähigkeit und Arbeitslust wesentlich durch das Klima beeinflußt; und der körperlichen und geistigen Arbeit ist kaum ein Klima so förderlich wie das in Deutschland herrschende. Der Vorteil der gesteigerten Arbeitsmöglichkeit ist so außerordentlich groß, daß der Nachteil höherer Bedürfnisse ihm gegenüber gar nicht ins Gewicht fällt. Der äußere Zwang zur größeren Anstrengung aller körperlichen und geistigen Kräfte erweist sich auf die Dauer als überaus segensreich und für den menschlichen Fortschritt unentbehrlich. Sehr berechtigt ist Peschels paradox klingender Ausspruch, daß Europa seine hohe Kultur seinem schlechten Wetter danke. Friedrich List nannte die Länder der gemäßigten Zone „die von der Natur begünstigtsten Länder der Erde, hinsichtlich der nationalen wie der internationalen Arbeitsteilung"; denn ihr Klima sei der körperlichen und geistigen Anstrengung am förderlichsten; sie brächten die Mittel zur Befriedigung der gewöhnlichsten Lebensbedürfnisse in bester Qualität und in größter Quantität hervor; und in ihnen könnte sich vor allem die gewerbliche Tätigkeit am besten entfalten. So sind die Bewohner der gemäßigten Zone in der Regel nicht nur die wirtschaftlich Tüchtigsten und Wohlhabendsten, sondern auch die politisch Mächtigsten. Nicht unter der heißen Sonne der Tropen, sondern unter dem kälteren nördlichen Himmel erstehen „der Erde Gebieter".

Wie wenig sind wir uns doch häufig darüber klar, mit welcher Fülle von Gaben die Natur das deutsche Volk bedacht hat! Wir nehmen das meiste gedankenlos als selbstverständlich hin und wissen die Vorzugsstellung, deren wir uns — ohne unser Verdienst — erfreuen, nicht zu würdigen. Wir teilen die Vorzüge nur mit einigen anderen Ländern Europas, einigen Gebieten Nordamerikas und einigen Teilen Ostasiens.

Zur wirtschaftlichen Nutzbarmachung der Gaben der Natur gehört die Tat des Menschen. Der Mensch muß die Schätze heben, welche die Natur für ihn bereitet hat. Nicht alle Menschen sind dazu gleich begabt. Es bedarf der wirtschaftlichen Tugenden, der Arbeitsamkeit, der Sparsamkeit, der Unternehmungslust usw. Finden sich diese Tugenden bei vielen Völkern, und darf sich das deutsche ihrer rühmen? Es ist mißlich und schwierig, das eigene Volk richtig zu charakterisieren. Im Deutschen Reiche wohnen vielerlei verschiedengeartete Menschen beisammen, deren Arbeitsfähigkeit und Arbeitsfreudigkeit keineswegs gleich sind. Die ursprünglichen Eigentümlichkeiten der verschiedenen germanischen Stämme sind heute noch zum Teil wirksam; es hat aber eine starke Mischung stattgefunden, und mancherlei fremde Elemente, slawische, romanische, jüdische, haben sich dem germanischen beigemengt. Allgemeine Urteile über ein Volk sind immer anfechtbar, weil immer Abweichungen und Ausnahmen vorkommen. Jedoch gibt es zweifellos gewisse typische Erscheinungen, die uns berechtigen, von „dem" Engländer, „dem" Spanier, „dem" Türken, „dem" Indianer usf. zu sprechen. So können wir auch fragen, ob „der" Deutsche wirtschaftlich tüchtig ist. Diese Frage ist, ohne daß wir den Vorwurf des Eigenlobes zu fürchten brauchen, unbedingt zu bejahen. Der Deutsche ist arbeitsam, ja mehr als das, arbeitsfreudig; er ist bei der Arbeit gewissenhaft und ausdauernd; er arbeitet mit Überlegung, methodisch, systematisch; er ist sparsam; er ist unternehmungslustig; er liebt es nicht, stets zu Hause zu bleiben und beim Alten zu verharren; sein Sinn steht in die Ferne; er hat seine Wanderjahre; vielfach lockt es ihn weit über das Meer. Man hat den Deutschen oft einen Träumer gescholten, ihn unpraktisch genannt und seinen „Idealismus" verspottet. Wahr ist es ja, daß oft gerade die besten Söhne Deutschlands in ihrem Ringen nach dem Wahren, Guten und Schönen, in ihrem Streben nach fernen Idealen das Nächstliegende, das praktisch Erreichbare übersehen und mißachtet haben. Das hat zeitweilige Mißerfolge und Rückschritte verursacht. Aber beruhen nicht in letzter Linie doch die größten Taten und die schönsten Erfolge des deutschen Volkes auf jener Schwungkraft seines Genius, die wir deutschen Idealismus nennen? Die scharfe Berücksichtigung des Nächstliegenden kann zur Kurzsichtigkeit führen. Wenn bei gewissen Anlässen die Gegenwart der Zukunft geopfert wird, so mag das manchem „praktisch" Denkenden als Torheit erscheinen; und es kann doch die höchste Weisheit sein. Gerade die von den „praktischen" Alltagsmenschen verspotteten „Träumer" sind oft die großen Führer der Menschheit zu gewaltigen dauernden Fortschritten geworden. Das gilt auch von wirtschaftlichen Dingen. Die jetzige wirtschaftliche Blüte Deutschlands ist entsprossen aus jener edeln

Saat, die im 18. und 19. Jahrhundert von den deutschen Geistes- und Kriegshelden ausgestreut wurde. Diese Denker und Kämpfer fachten den nationalen Stolz und die Vaterlandsliebe wieder zu hellen Flammen an. Die geistige und politische Fremdherrschaft wurde abgeworfen. Immer brennender wurde das Verlangen nach einer Zusammenfassung aller Kräfte dieses Volkes, dessen zerstreute Glieder so Herrliches leisten konnten. Nach schwerem Ringen der Besten der Nation gelang die Einigung Deutschlands; und damit war die Bahn frei für den großen wirtschaftlichen Aufschwung. Wie unerwartete Früchte trägt jetzt nicht auch der Bildungs- und Forschungseifer der Deutschen! Rein ideale Beweggründe sind es vielfach gewesen, denen unsere Bildungsanstalten, die niedrigsten wie die höchsten, ihre Entstehung verdanken; aber sie haben sehr reale „praktische" Wirkungen hervorgebracht. Wenn unsere deutschen Arbeiter, Techniker, Kaufleute sich den englischen heute in mancher Beziehung überlegen erweisen, so liegt dies zweifellos zum großen Teil an ihrer besseren Schulbildung. In Wirklichkeit beruht ja auch jener Spott über den Idealismus nur auf Oberflächlichkeit. Auch der Idealismus strebt zur Tat, zur Wirkung in der „Praxis"; er ist der auf dauernde Wirkungen gerichtete, weitsichtige und hochherzige Realismus.

Nur wenige Völker können sich in wirtschaftlicher Tüchtigkeit mit dem deutschen messen. Ernsthaft in Wettbewerb treten mit den Deutschen nur die Engländer und die Nordamerikaner germanischer Abstammung, vielleicht ein Teil der Ostasiaten, die Franzosen und Italiener nur zum Teil. Die vom Zentrum des Deutschtums politisch abgesprengten deutschen Elemente in Österreich-Ungarn, in der Schweiz und in den Niederlanden bleiben bei diesem Vergleiche natürlich außer Betracht. Die Romanen, Slawen, Kelten und sonstigen weißen Bewohner Europas stehen in ihrer wirtschaftlichen Leistungsfähigkeit hinter den Germanen zweifellos zurück. Sie sind weniger arbeitslustig und weniger ausdauernd bei der Arbeit. Man rühmt zwar mit Recht die Sparsamkeit der Romanen, besonders der Franzosen; der Wohlstand Frankreichs beruht in der Tat zum großen Teil auf dieser wirtschaftlichen Tugend. Aber die Sparsamkeit der Franzosen hat noch eine andere, bedenkliche Seite; sie hängt vielfach mit dem Wunsche zusammen, sich schon früh von der Arbeit zurückzuziehen und ein müßiges, wenn auch bescheidenes Rentnerdasein zu führen. Bekanntlich ist die Zahl solcher kleinen Rentner in Frankreich sehr groß. So führt dort die Sparsamkeit nicht immer, wie bei arbeitslustigen Menschen, zur Erhöhung der Produktivität, sondern zum Stillstand der Produktion.

Nun sind allerdings bei den Deutschen und den Engländern auch mancherlei wirtschaftliche Untugenden anzutreffen, nicht nur bei vielen einzelnen Individuen, die unter dem nationalen Durchschnitt stehen, sondern in einem solchen Umfange, daß man von nationalen Lastern sprechen darf und muß. Im Konsum der produzierten Güter herrscht vielfach Unmäßigkeit; nicht immer sind bei der Verwendung des Einkommens die Interessen der Erhaltung und Erhöhung edler nationaler Kultur, der Förderung der Bildung, der Pflege harmloser Geselligkeit usw. maßgebend. Seit Jahrhunderten hat man dem deutschen Volke, in allen seinen Ständen, den Hang zum „Fressen und Saufen" vorwerfen können. Wieviel höher könnten wir in der Kultur stehen, wenn bei uns nicht soviel Alkohol genossen würde! Und wie viel leistungsfähiger würden wir dann auf dem Weltmarkte sein! Es ist ein trauriger Trost, daß unser Hauptkonkurrent, der Angelsachse, dem Trunk wohl noch mehr ergeben ist als der Deutsche und außerdem in einem Maße, wie es in Deutschland unbekannt ist, der Spielsucht (Wetten) frönt. Der Romane, der nüchterner ist, könnte aus den Fehlern der Germanen im nationalen Wettkampfe Vorteil ziehen, hätte er nur nicht auch seinerseits schlimme, wohl bekannte Untugenden. So ist es schließlich erklärlich, daß die Deutschen trotz mancher wirtschaftlichen Laster, gegen die wir nicht blind sein können, sich auf der obersten Stufe der Leistungsfähigkeit behaupten können.

Wenn wir vom deutschen Volke und seiner wirtschaftlichen Tüchtigkeit sprechen, so dürfen wir dabei nicht nur die gerade lebende Generation ins Auge fassen. Zum Verständnis der Stellung dieser Generation innerhalb der Weltwirtschaft gehört die Würdigung des Schaffens der vergangenen Geschlechter. Was wäre eine Generation allein, wie wenig könnte sie leisten, wenn sie nicht auf den gewaltigen Grundwerken, die ihre Vorfahren gelegt haben, aufbauen könnte! Wie selten wird diese Vorarbeit recht verstanden! Nur wenn man neu anzufangen hat, wie in manchen Kolonien, begreift man leichter, was es bedeutet, wenn schon früher ein Geschlecht nach dem anderen in dem Lande emsig gearbeitet hat; aber auch da ist die Lehre nicht vollständig; denn zur Kultur des neuen Landes bringt der Kolonist bereits Kenntnisse, Fertigkeiten und Werkzeuge mit, welche ihm von früheren Geschlechtern, oft einer langen Reihe, sorgsam übermittelt worden sind. Was hat die letzte Generation nicht alles vorgefunden an Produktionsmitteln, als sie begann, am Erwerbsleben teilzunehmen! Da war ein seit Jahrhunderten bestelltes Land, mit Häusern, Dörfern, Städten, Wegen, Straßen, Bahnen, Brücken, mit Werkzeugen, Maschinen, Materialien, mit hohen, mittleren und niederen Bildungsanstalten, mit einer Fülle von Fertigkeiten, Kenntnissen und Erfahrungen, mit vielerlei Handels- und Verkehrseinrichtungen usw. usw. Alle diese Hilfsmittel der Produktion bilden einen gewaltigen Kapitalschatz, den unsere Vorfahren uns übermittelt haben. Nur mit seiner Hilfe haben wir in der Weltwirtschaft so Großes erreichen können.

Die Mitwirkung der vergangenen Geschlechter erschöpft sich aber nicht hierin, d. h. in der Darbietung einer solchen Fülle von Produktionsgütern. Unsere Vorfahren haben auch die meisten sozialen und politischen Einrichtungen geschaffen, innerhalb deren wir uns bewegen, und von denen zum großen Teile die Möglichkeit der wirtschaftlichen Betätigung abhängt. Diese gesellschaftlichen Einrichtungen mögen uns zum Teil mißfallen und veraltet sein, ihre Gesamtheit bildet die unbedingt notwendige Voraussetzung für eine gedeihliche wirtschaftliche Tätigkeit. Ihre Bedeutung vermögen wir kaum zu würdigen, weil ihr Dasein uns ganz selbstverständlich zu sein scheint. Wir leben und wirken in ihnen, ohne darüber nachzudenken, so wie wir uns in der atmosphärischen Luft bewegen, ohne zu bedenken, daß wir nicht ohne sie sein könnten. Es sind vor allem das Recht, die Moral und der Staat, die für das Wirtschaftsleben von elementarer Bedeutung sind. Man könnte auch Sprache und Schrift in diesem Zusammenhange nennen. Zur Produktion gehört Sicherheit. Wer produzieren will, muß sich sicher fühlen, daß ihm die Früchte seines Fleißes zufallen; das setzt den Schutz des Eigentums, bindende Kraft der Verträge, staatliche Zwangsgewalt, allgemein eine öffentlich anerkannte Rechtsordnung voraus. Es erhöht sich die Sicherheit und damit die Lust zu produzieren, wenn Recht und Sitte hoch entwickelt sind, wenn „Treu und Glauben" herrschen. Wie unendlich viel die Rechtssicherheit bedeutet, lernt man erst dort würdigen, wo sie fehlt, in unzivilisierten Ländern oder in solchen mit zu schwacher und schwankender Staatsgewalt, wie z. B. in manchen asiatischen Staaten oder amerikanischen Republiken. Es würde zu weit führen, wollten wir hier auch nur die wichtigeren sozialen Einrichtungen und Verhältnisse genauer betrachten und Vergleiche zwischen den einzelnen Ländern anstellen. Einige allgemeine Bemerkungen müssen genügen. Wenn gefragt wird, in welchen Ländern sich die gesellschaftlichen Einrichtungen durch Festigkeit, Gesundheit und Dauerhaftigkeit auszeichnen, so wird man in erster Linie England und Deutschland nennen müssen. In Frankreich sind heftige soziale Zuckungen häufiger; und in den Vereinigten Staaten von Amerika ist das soziale Gefüge noch lockerer. Der Kampf der Meinungen, Interessen und Parteien ist zwar auch in England und Deutschland recht lebhaft; innerhalb gewisser Grenzen, namentlich derer des Gesetzes und der guten Sitte, ist der Kampf auch nicht zu bedauern, im Gegenteil heilsam und notwendig. Zu so schlimmen gesellschaftlichen Erschütterungen, die auch wirtschaftlich sehr nachteilig sind, wie in Frankreich beim Panamakanalbau und Dreyfusprozeß, ist es in den beiden großen germanischen Staaten seit langem nicht gekommen. In Amerika lassen die häufigen Korruptionsfälle und Gewalttätigkeiten auf große Mängel der sozialen Organisation schließen. Die sozialen Einrichtungen, die uns unsere Väter für Deutschland übergeben haben, sind in den letzten Jahrzehnten noch durch eine umfassende wirtschaftliche und soziale Gesetzgebung verbessert und damit gefestigt worden; England ist auf diesen Gebieten — Modernisierung und Vereinheitlichung des bürgerlichen und besonders des Handelsrechtes, soziale Versicherung, Fachschulwesen u. dgl. — erheblich hinter Deutschland zurückgeblieben.

Zu genaueren Vergleichen zwischen den wichtigsten politischen, sozialen und kulturellen Einrichtungen der verschiedenen Länder, auch zwischen solchen, die von besonderer wirtschaftlicher Bedeutung sind, wie Schulwesen, Sozialreform, Steuerwesen, Militärwesen, mangelt es hier am Platz. Es darf jedoch ruhig behauptet werden, daß trotz vieler Mängel und Unvollkommenheiten, die ihnen noch anhaften, die meisten deutschen Einrichtungen, die hier in Betracht kommen, den Vergleich mit denen des Auslandes nicht zu scheuen brauchen, ja in vieler Hinsicht für das Ausland vorbildlich geworden sind.

Besondere Beantwortung bedarf noch die Frage, warum Deutschland sich erst in den letzten Jahrzehnten wirtschaftlich so mächtig entwickelt hat, warum es namentlich so lange in dieser Hinsicht hinter England zurückgeblieben war. Dem Geschichtsunkundigen muß dieser späte und jähe Aufstieg Deutschlands seltsam vorkommen und den Gedanken nahelegen, daß die Blüte auf „Treibhauskultur" beruhe und wohl rasch vergänglich sei. Waren doch die natürlichen Produktionsbedingungen in Deutschland schon Jahrhunderte hindurch günstig gewesen, und die Eigenschaften seiner Bevölkerung haben sich wohl auch nicht so plötzlich verändert. Was war das neue Element, das aus den alten Stoffen und Kräften plötzlich so Großes schuf?

Die Antwort ergibt sich bereits aus den vorhergehenden Betrachtungen. Zwischen der alten und der neuen Zeit liegt der Markstein 1870/71. Hier wurde der Grund gelegt für den wirtschaftlichen Neubau Deutschlands. Großes hatte Deutschland ja auch schon in früheren Jahrhunderten auf wirtschaftlichem Gebiete geleistet, so zur alten glanzvollen Kaiserzeit von den Karolingern bis zu den Hohenstaufen, wo die Donaustraße einen lebhaften Handelsverkehr zwischen dem Süden Deutschlands und dem Orient vermittelte, so zur Zeit der meerbeherrschenden Hansa, die in der Ost- und Nordsee die erste Handelsmacht war. Mit der politischen Machtstellung Deutschlands war auch die wirtschaftliche Blüte verbunden. Seit dem 15. Jahrhundert begleitet den politischen Niedergang infolge der Religionskriege der wirtschaftliche Verfall. Anstatt ihre gewaltige kulturelle, militärische und wirtschaftliche Kraft einheitlich zu organisieren und ihrem Volkstum neue Gebiete anzugliedern, zogen die Deutschen die Schwerter gegeneinander, und ihr Reich wurde zugrunde gerichtet. Die traurigen Ereignisse jener Zeiten sind bekannt. Während der immer von neuem auflodernde, von Fremden geschürte Religionsstreit Deutschlands Gaue verwüstete, rissen die Feinde des Reiches ein deutsches Grenzland nach dem anderen vom Ganzen ab; sogar das Mündungsgebiet unseres schönsten Stromes löste sich vom Reiche, dem der kräftige Zusammenhalt fehlte, und machte sich selbständig; und die neuentdeckte überseeische Welt teilten fremde Völker unter sich. Der Tiefstand wurde um die Mitte des 17. Jahrhunderts erreicht, als sich das deutsche Volk fast verblutet und wirtschaftlich ruiniert hatte. Dann erfolgte der Wiederaufstieg, zuerst langsam, dann immer rascher, unter der kraftvollen Führung Brandenburg-Preußens. Mit dem Siege, den die großen Hohenzollern immer wieder an ihre Fahnen fesselten, kehrte auch der Wohlstand ins Land zurück. Aber es war ein langes, schweres Ringen, in dem die Kräfte manchmal zu erlahmen drohten, bis es endlich der gewaltigen Energie Bismarcks gelang, das Deutsche Reich politisch neu zusammenzufügen. Das Werk von 1870/71 machte in dem deutschen Lande unendlich viel wertvolle Kraft frei, die bisher durch die Kleinstaaterei und das mit ihr verbundene politische und soziale Elend gebunden war. Wenn bisher die Besten des Volkes unablässig daran gearbeitet hatten, die politischen Widerstände zu brechen, auf die die Einigung Deutschlands immer von neuem stieß, konnten sie nunmehr ihr Auge auf weitere Ziele richten. Es galt jetzt, den Neubau des Reiches auch wohnlich einzurichten. Der nationale Ehrgeiz, politisch einstweilen befriedigt, warf sich auf das Wirtschaftliche. Deutschland, das wieder in die Reihe der Großmächte eingetreten war, sollte auch auf dem Weltmarkte und auf dem Weltmeere eine Macht ersten Ranges werden. Dazu spannten sich alle Kräfte an. Der erste Anlauf war so ungestüm, die Unternehmungslust wuchs so gewaltig an, die Neugründungen überstürzten sich, daß heftige Rückschläge und häßliche Auswüchse unvermeidlich waren, und daß das Wort „Gründerzeit" zum Teil recht unangenehme Erinnerungen wachruft. Immerhin wurde auch in jener Zeit, trotz mancher verfehlten Spekulation, viel Dauerndes und Gesundes geschaffen; und man lernte bald, sich an ein langsameres, aber anhaltendes Tempo des Fortschritts zu gewöhnen. Die Mittel zur Anspornung und Befruchtung der deutschen Industrie lieferte der Krieg zum Teil direkt vermittels der französischen Kriegsentschädigung. Die Milliarden flossen der deutschen Industrie durch große Bestellungen der Regierung oder durch Rückzahlung des für den Krieg geliehenen Geldes zu. Weiter aber schuf die politische Einigung Deutschlands die Möglichkeit einer einheitlichen wirtschaftlichen Gesetzgebung für das ganze Reich. Wieviel Neues und Segensreiches ist nicht auf dieser Grundlage entstanden! Außerordentlich viele Verkehrshindernisse sind dadurch beseitigt worden; was man im ersten und zweiten Jahrzehnt des 19. Jahrhunderts, namentlich in Preußen, an wirtschaftlichen Reformen begonnen, was sich im Zollverein angebahnt hatte, das wurde jetzt in größerem Maßstabe fortgeführt und zum großen Teile vollendet. Man führte die Grundsätze wirtschaftlicher Freiheit, der Freizügigkeit, Gewerbefreiheit, Verehelichungsfreiheit usw., vollkommen durch. Man ging an eine möglichst umfassende Vereinheitlichung des bestehenden Rechtes, des Handels-, Straf-, Konkurs-, Prozeß-, bürgerlichen Rechtes. Man schuf ein neues Münz-, Maß- und Gewichtssystem. Die französische Kriegsentschädigung ermöglichte den Übergang zur Goldwährung. Das Bankwesen wurde neu organisiert und zentralisiert. Die gesamte äußere Wirtschaftspolitik Deutschlands wurde von nun an einheitlich geleitet. Eine gemeinsame Interessenvertretung im Auslande wurde geschaffen. Dem einzelnen Deutschen wurde ein besserer Schutz in der Fremde gewährleistet. Handels- und Schiffahrtsverträge wurden geschlossen. Auch an den Erwerb von überseeischen Kolonien konnte man jetzt denken.

Unübersehbar fast ist die Fülle der Anregungen, Erleichterungen, Förderungen, die sich für Industrie, Landwirtschaft, Handel und Verkehr Deutschlands aus der politischen Tatsache der Reichsgründung ergab. Das heutige Geschlecht, das sich nun schon lange aller der großen Segnungen eines ausgedehnten einheitlichen Wirtschaftsgebietes, einer einheitlichen wirtschaftlichen Gesetzgebung und eines wirksamen Interessenschutzes erfreut, weiß kaum mehr zu schätzen, wieviel in jener großen Zeit erreicht worden ist. Die Größe des Fortschritts kann man sich nur vorstellen, wenn man an die kleinen und kleinlichen Verhältnisse der alten Zeit, die Beengung des Lebensspielraums, die Rechtsverwirrung, die Münzunordnung, die Verschiedenheit der Maße und Gewichte, die Beschränkungen der gewerblichen Freiheit, die Verkehrshemmnisse usw. zurückdenkt. Ein solcher Rückblick erklärt vollständig, warum auf den neuen Grundlagen das wirtschaftliche Leben sich soviel voller und reicher entfalten konnte. Die wirtschaftliche Aufwärtsentwickelung Deutschlands in den letzten Jahrzehnten war durchaus gesund; sie ist kein Erzeugnis künstlicher „Forcierung", sondern ein Zeichen echter nationaler Kraft.

Wer wollte, im Hinblick auf diese kraftvolle Entwickelung, nicht froh dem Dichter beistimmen, der schon vor zwei Menschenaltern in der Zeit nationaler Zerrissenheit ausrief:

„Deutschland hat ewigen Bestand,
Es ist ein kerngesundes Land!"

Es ist bisher schon mehrfach vergleichsweise auf die Grundlagen der wirtschaftlichen Größe **Englands** hingewiesen worden. An dieser Stelle drängt sich noch die Frage auf, wie der wirtschaftliche Vorsprung Englands im 19. Jahrhundert zu beurteilen ist. Wenn Deutschland die zweite Stelle in der Weltwirtschaft erobert hat, muß es sich damit begnügen? Wird England sich an erster Stelle behaupten? Worauf beruht sein Vorsprung? Ist es „natürlich", daß England die Wogen beherrscht? Oder verdankt es seine jetzige Macht nur „zufälligen" Umständen? Die Antwort hierauf ist nicht leicht.

Englands wirtschaftliche Bedeutung beruht zweifellos zum großen Teile auf natürlichen Verhältnissen, auf seiner Bodenbeschaffenheit, namentlich seinem Reichtum an Erzen und Brennstoffen, seinem gemäßigten Klima, seiner günstigen Lage beinahe im Mittelpunkte der Länder unserer Erdhälfte, seiner vortrefflichen Küstenentwickelung usw. Sie beruht weiter auf der wirtschaftlichen Tüchtigkeit seiner Bewohner, ihrer Arbeitsamkeit, ihrer Ausdauer, ihrem Wagemut. Feste Grundlagen der wirtschaftlichen Blüte Englands sind auch seine vortrefflichen sozialen und politischen Einrichtungen. War es aber nicht etwa nur eine Verkettung einmaliger glücklicher Ereignisse, die England befähigt hat, einen so großen Vorsprung vor anderen Ländern zu gewinnen? Über die Kräfte, die den Aufbau des britischen Weltreichs bewirkt haben, ist oft gestritten worden. Die einen sehen in der Reichsgründung das Werk einer weitschauenden und kühnen Staatskunst. Die anderen sagen: „Das Genie, welches das Reich gegründet und aufgebaut hat, war — eine Reihenfolge von historischen Zufällen und das Glück des britischen Volkes, Dinge, hinter denen ja allerdings auch eine gewisse Gesetzmäßigkeit gewaltet hat." (Deckert.) Diese Ansichten sind nicht notwendig gegensätzlich. Denn wenn England eine Fülle weitschauender und kühner Staatsmänner besaß, so war das eben eine Gabe des „Glückes". Sicher ist, daß England lange Zeit um die Herrschaft auf dem Meere und in überseeischen Gebieten schwer hat kämpfen müssen. Erst am Ende des 16. Jahrhunderts kam es zur Seegeltung. Unter Cromwell begann der Kampf gegen Hollands Vorzugsstellung zur See; von 20 000 Schiffen führten damals 15 000—16 000 die holländische Flagge. Nachdem Holland in drei schweren Kriegen niedergeworfen war, begann das gewaltige über 100 Jahre dauernde Ringen zwischen England und

Frankreich um die Herrschaft; sein Ende bildeten die Kriege Napoleons, dessen Versuche, ein Heer nach England hinüberzuwerfen, mißglückten. In den langen Kriegsjahren vor und nach dem Beginn des 19. Jahrhunderts gelang es der Kühnheit und Rücksichtslosigkeit (Überfall Kopenhagens!) Englands, vom Weltmeere die fremden Flaggen fast rein fortzufegen und sich in den Besitz der wertvollsten überseeischen Gebiete zu setzen. Die fremden Kriegsflotten wurden zerstört und die Handelsschiffe zum größten Teil gekapert. Als endlich 1815 der Friede geschlossen wurde, war Britannia die unbestrittene Herrin der Wogen. So errang sie den gewaltigen Vorsprung in der Anknüpfung neuer überseeischer Beziehungen. Man kann also mit Sicherheit sagen, daß Englands wirtschaftliche Vorzugsstellung aus dem Kriegsglück des englischen Volkes und der Staatskunst seiner Führer, die den Hader der Festlandsmächte geschickt benutzten, zu erklären ist. Frankreichs Kraft erschöpfte sich in den schweren Kämpfen auf dem europäischen Festlande, namentlich mit Deutschland, und erlahmte daher allmählich auf der See, in Nordamerika und in Indien. Das deutsche Volk, durch die Religionskriege zerrissen, beteiligte sich als Ganzes in jenen Zeiten überhaupt nicht am Kampfe um die Seeherrschaft; die Kraft der Hansa war zu Beginn dieses Kampfes schon vergangen; nur ein Grenzland des Deutschen Reiches, Holland, hat kraftvoll in jenes Völkerringen eingegriffen; es ist unterlegen, da es sich von den Wurzeln seiner Kraft, der deutschen Volksgemeinschaft, politisch losgelöst hatte.

England hat es verstanden, die in den napoleonischen Kriegen erlangte Vorzugsstellung in der folgenden längeren Friedenszeit auszunutzen und zu befestigen. Heute beherrscht England fast alle wichtigen Seewege militärisch; überall sind englische Kriegsschiffe zu finden; an fast allen bedeutenderen Handelsstraßen erheben sich englische Festungswerke. Man denke an den Seeweg nach dem Orient, nach Indien, Ostasien, Australien: Gibraltar, Malta, Cypern, Port Said, Aden, Colombo, Singapore, Hongkong! Es beherrscht die Südspitzen von Afrika und von Amerika (Falkland-Inseln) und hat zahlreiche maritime Stützpunkte in Australien und Ozeanien. Auch im Atlantischen Ozean, den Vereinigten Staaten von Amerika gegenüber, hat es eine sehr starke Stellung; Halifax, die Bermuda-Inseln und Kingston (Jamaika) sind große Seefestungen.

Trotzdem hat sich in den letzten Jahrzehnten manches zum Nachteil Englands verändert. Sein Vorsprung vor den anderen Nationen hat sich verringert. Die fremden Flaggen sind seit 1815 wieder auf dem Meere erschienen; und der Umfang der nicht englischen Seeschiffahrt hat beständig zugenommen. Jetzt führt nur noch, wie wir bereits sahen, knapp die Hälfte der Handelsschiffe die englische Flagge. Die englische Kriegsflotte ist zwar noch jeder anderen gewaltig überlegen; würden aber Frankreich, Deutschland und die nordamerikanische Union ihre Flotten vereinigen, so könnten sie 77 Linienschiffe (mit 1 182 000 Tonnen) den 50 Englands (793 000 Tonnen) und 46 Panzerkreuzer (511 000 Tonnen) den 38 Englands (485 000 Tonnen) gegenüberstellen. Schon haben sich französische, deutsche und amerikanische Flottenstationen in die Kette der englischen eingeschoben. Fleißig arbeitet man an der Schaffung eines nicht englischen Kabelnetzes. Die Ein- und Ausfuhrziffern Englands sind von denen Deutschlands und der Vereinigten Staaten schon beinahe erreicht. In wichtigen Handels- und Industriezweigen ist England bereits von der ersten Stelle verdrängt worden. Kurz, der Vorsprung Englands vor den übrigen Großmächten wird immer geringer.

Neben den Engländern und den Deutschen werden in absehbarer Zeit nur noch die **Nordamerikaner** um die erste Stelle in der Weltwirtschaft kämpfen. Die Nordamerikaner sind vortrefflich für den Kampf ausgerüstet. Sie verfügen über eine Fülle fruchtbaren Bodens, über gewaltige Lagerstätten wichtiger mineralischer Rohstoffe, über ein gutes Klima, über großartige natürliche Verkehrswege, über eine reich entwickelte Seeküste. Die Bevölkerung der Vereinigten Staaten hat ihre wirtschaftliche Tüchtigkeit längst erwiesen. Der Fortschritt Amerikas auf manchen Gebieten des Wirtschaftslebens war so erstaunlich, daß man in Europa sich vor der amerikanischen Konkurrenz zu fürchten, von einer „amerikanischen Gefahr" zu sprechen begann. Nach genauerer Prüfung der Verhältnisse hat man sich allerdings wieder etwas beruhigt. Neben den Lichtseiten der Entwickelung Amerikas wurden auch sehr bedenkliche Schattenseiten festgestellt, auf die in diesem Büchlein weiter unten genauer eingegangen werden soll. Aber sicher sind die Entwickelungsmöglichkeiten der nordamerikanischen Union, wenn auch nicht „unbegrenzt", so doch so gewaltig, daß die Völker Europas sich außerordentlich anstrengen müssen, wenn sie nicht von den Amerikanern überflügelt werden wollen.

Wer wollte die künftige Entwickelung voraussagen? Die 55—60 Millionen Briten sind so glücklich über die Erdoberfläche verteilt und befinden sich in so festen Stellungen, daß sie wohl imstande sein dürften, es mit den 80 Millionen weißen Bewohnern der Vereinigten Staaten von Amerika aufzunehmen. Und die Deutschen? Ihre 65 Millionen können getrost in den Wettkampf eintreten, — wenn sie sich nur dazu entschließen, ihrer Teilnahme an der Weltwirtschaft entsprechend eine entschlossene kraftvolle **Weltpolitik** zu treiben. Von dieser politischen Aufgabe handelt der letzte Teil dieses Büchleins.

III. Vorteile der Teilnahme Deutschlands an der Weltwirtschaft.

Da der gewaltige Gewinn, den Deutschland aus seiner Beteiligung an der Weltwirtschaft zieht, nicht selten nur mangelhaft erkannt, oft sogar ganz verkannt wird, so bedarf es hier noch einer besonderen Darlegung der Vorteile des Weltverkehrs für die Gütererzeugung und die Güterverteilung.

Vor allem wird die Produktivität der deutschen Arbeit durch den Verkehr mit dem Auslande außerordentlich gesteigert. Die Teilnahme an der Weltwirtschaft ermöglicht jedem einzelnen Lande die intensive Ausnutzung seiner sämtlichen günstigeren und günstigsten Produktionsbedingungen und die Benutzung aller reichlichen Hilfsquellen des Auslandes. Sie erspart jedem Lande die Aufwendung von viel Arbeit und Kapital in Erwerbszweigen, für die im Inlande weniger gute, im Auslande bessere Bedingungen bestehen. Die Produktion der einzelnen Länder wird spezialisiert und konzentriert. Sie wird dadurch reichlicher, zum Vorteil aller Beteiligten. So pflegen wir Deutschen vor allem diejenigen Arbeitszweige, für die bei uns besonders gute Entwickelungs- und Wachstumsbedingungen bestehen, und fördern die Herstellung solcher Waren, die in den meisten anderen Ländern nicht so gut und billig hergestellt werden können wie bei uns. Von diesen Waren, unseren Spezialartikeln, stellen wir mehr her, als wir selbst gebrauchen, und senden den Überschuß ins Ausland, um dagegen andere Waren, Spezialartikel fremder Völker, einzutauschen, die wir selbst entweder gar nicht oder nur mit Aufwand größerer Mühe und Kosten hätten herstellen können.

Unsere höhere allgemeine Kultur (Bildung, Kapitalfülle, Rechtssicherheit usw.), unser gemäßigtes Klima und unser Kohlenreichtum ermöglichen uns vor allem die Entfaltung unserer industriellen Kräfte. Wir exportieren daher hauptsächlich Industriewaren und importieren aus Ländern mit anderen kulturellen und natürlichen Verhältnissen meistens Rohstoffe:

Aus dem Auslande beziehen wir:

1. Waren, auf deren Konsum wir ganz verzichten müßten, wenn wir keinen Verkehr mit dem Auslande hätten, z. B. (1910) folgende Genußmittel und Rohstoffe:

Baumwolle	im	Werte	von	561	Millionen Mark.
Kautschuk und Guttapercha	"	"	"	270	" "
Palmkerne, Kopra	"	"	"	179	" "
Kaffee	"	"	"	176	" "
Rohseide	"	"	"	147	" "
Chilesalpeter	"	"	"	133	" "
Reis	"	"	"	80	" "
Petroleum	"	"	"	74	" "
Südfrüchte	"	"	"	69	" "
Kakaobohnen	"	"	"	45	" "
Jute	"	"	"	43	" "
Sesam	"	"	"	41	" "
Gummilack, Schellack	"	"	"	13	" "
Straußfedern	"	"	"	9	" "
Tee	"	"	"	6	" "
Elfenbein	"	"	"	6	" "
Pfeffer	"	"	"	5	" "

2. Waren, die wir in Deutschland nicht in gleich guter Beschaffenheit herstellen können. Dahin gehören vielerlei Spezialitäten der ausländischen Landwirtschaft, z. B. Weine, Blumen, Sämereien, Tabak, der ausländischen Forstwirtschaft, des ausländischen Bergbaus (reichhaltige Erze: Gold, Zinn, Platina) und der ausländischen Industrie, z. B. gewisse Luxusgegenstände, wohl auch manche Halbfabrikate und Maschinen. Diese Spezialartikel sind in der Einfuhrstatistik nicht immer als solche erkennbar, da bei der statistischen Zusammenstellung der Waren nicht immer die einzelnen Qualitäten getrennt aufgeführt werden. Von den vielen Sammelpositionen der Statistik enthalten die nachstehenden zweifellos bedeutende Warenmengen, die erst zur dritten Gruppe, den Ergänzungs- und Konkurrenzartikeln, gehören. Wir bezogen im Jahre 1910 aus dem Auslande:

Wollengarn	im	Werte	von	120	Millionen Mark.
Tabakblätter	"	"	"	104	" "
Baumwollgarn	"	"	"	102	" "
Maschinen	"	"	"	83	" "
Mais	"	"	"	62	" "
Wein (in Fässern)	"	"	"	59	" "
Seidenwaren	"	"	"	47	" "
Gemüse, frisch	"	"	"	40	" "
Gewächse, Blumen	"	"	"	4	" "

3. Waren, die wir in Deutschland nicht in genügender Menge, nicht zu jeder Jahreszeit oder nur mit erhöhten Kosten erzeugen können. Hier sind sehr wichtige Nahrungs- bzw. Futtermittel und Rohstoffe zu nennen (1910):

Schafwolle, roh	im Werte von	390	Millionen Mark.
Weizen	„ „ „	377	„ „
Gerste	„ „ „	310	„ „
Kupfer	„ „ „	216	„ „
Rindshäute	„ „ „	204	„ „
Pelztierhäute usw.	„ „ „	190	„ „
Eier	„ „ „	167	„ „
Eisenerze	„ „ „	161	„ „
Holz, gesägt	„ „ „	139	„ „
Kleie usw.	„ „ „	115	„ „
Holz, roh	„ „ „	114	„ „
Pferde	„ „ „	109	„ „
Leinsaat	„ „ „	101	„ „
Schmalz	„ „ „	95	„ „
Ölkuchen	„ „ „	93	„ „
Milchbutter	„ „ „	92	„ „
Wolle, gekämmt	„ „ „	80	„ „
Kalbfelle	„ „ „	73	„ „
Därme, Magen, Blasen	„ „ „	54	„ „
Klee-, Luzernesaat usw.	„ „ „	51	„ „
Federvieh, lebendes	„ „ „	51	„ „
Schaf- und Ziegenfelle	„ „ „	50	„ „
Fische, frisch	„ „ „	48	„ „
Hafer	„ „ „	47	„ „
Zinn	„ „ „	44	„ „
Obst und Beeren	„ „ „	44	„ „
Flachs	„ „ „	42	„ „
Roggen	„ „ „	42	„ „
Heringe, gesalzen	„ „ „	40	„ „
Raps, Rübsen	„ „ „	40	„ „
Ochsen	„ „ „	35	„ „
Kühe	„ „ „	26	„ „

Jeder Sachkundige weiß, wie unendlich viel mehr Arbeit und Kapital es kosten würde, wenn wir diese kolossalen Warenmengen in Deutschland selbst produzieren wollten, ganz abgesehen von den Erzeugnissen anderer Zonen. Wir würden viel härter arbeiten müssen und doch viel weniger Güter erzeugen.

Die Vorteile des Weltverkehrs entspringen der Arbeitsteilung. Wie in jeder kleineren Gruppe von Menschen die Arbeitsteilung erfahrungsgemäß die Produktivität der Arbeit außerordentlich steigert und bei freiem Wettbewerb die Lage eines jeden einzelnen bedeutend bessert, so bewirkt auch die internationale Arbeitsteilung eine gewaltige Vermehrung der Gütermengen, die unter die einzelnen Völker verteilt werden können. Es verlohnt sich für das deutsche Volk reichlichst, seine Arbeit zu spezialisieren. Die wichtigsten, auf der deutschen Ausfuhrliste stehenden Spezialartikel Deutschlands haben wir schon oben (S. 13) kennen gelernt. Es sind in der Hauptsache Produkte unserer hochentwickelten Industrie. Könnten wir diese nicht an das Ausland abgeben, um dafür die Spezialartikel des Auslandes zu beziehen, so würde Deutschland viel weniger wohlhabend sein, als es jetzt ist. Sein Wohlstand, wie auch der anderer Länder, wird desto mehr zunehmen, je rationeller und feiner sich die internationale Arbeitsteilung ausgestaltet.

Die Beteiligung am Weltverkehr hat auch den großen Vorteil, daß das wirtschaftliche Leben stetiger wird. Die früher so häufigen und heftigen Schwankungen der Preise wichtiger Waren, namentlich der Lebensmittel, werden infolge der Vergrößerung der Produktions- und Absatzgebiete seltener und geringer, und ihre Folgen werden gemildert. Überproduktion in dem einen Gebiete und Unterproduktion in dem anderen gleichen sich leichter aus. Namentlich hat die Erfahrung gezeigt, daß die großen, für Produzenten und Konsumenten so überaus schädlichen Schwankungen des Getreidepreises bedeutend nachgelassen haben, seitdem der Getreidemarkt international geworden ist. Eine lokale oder nationale Mißernte ruft in den am Weltverkehr beteiligten Ländern jetzt nur selten, wie früher so oft, eine Hungersnot hervor; und überreiche Ernten bereiten den Landwirten viel weniger Verlegenheit als früher, da sich der Überschuß auf dem Weltmarkte erheblich leichter verwerten läßt als in einem eng begrenzten Wirtschaftsgebiete. Mißwachs und Überwachs haben häufig das gesamte Wirtschaftsleben aufs tiefste erschüttert. Auch heute sind sie noch von großer Bedeutung, vermögen aber bei weitem nicht mehr so ernste Störungen hervorzurufen wie früher. Werden allzu starke Preisschwankungen auf den Lebensmittel- und Rohstoffmärkten vermieden, so gestaltet sich auch die Nachfrage nach gewerblichen und industriellen Erzeugnissen viel stetiger. Jeder Produzent kann infolge der Internationalisierung des Wirtschaftslebens mit viel größerer Sicherheit auf einen regelmäßigen Absatz seiner Waren rechnen.

Auch vom Standpunkt der Güterverteilung, der Sozialreform, ist der Weltverkehr von hoher Bedeutung. Die ärmeren Klassen der Bevölkerung ziehen aus ihm großen Nutzen. Hier soll besonders das Interesse der Arbeiter an der Weltwirtschaft kurz dargelegt werden.

Die Güter, welche wir in Deutschland erzeugen und aus dem Auslande beziehen, verteilen sich unter unserer Gesellschaftsordnung an vier Gruppen von Personen, die allerdings häufig nicht voneinander zu scheiden sind, weil eine Person zu zwei oder mehr Gruppen gehören kann. Es sind dies die Bodenbesitzer, die Kapitalbesitzer, die Unternehmer und die Arbeiter. Die Anteile an der nationalen Produktion, welche auf die einzelnen Gruppen fallen, nennt man bekanntlich Rente, Zins, Unternehmergewinn und Lohn. Rente und Zins bilden das Besitzeinkommen, der Lohn das Arbeitseinkommen. Bei der folgenden Betrachtung handelt es sich um das Verhältnis zwischen Besitz- und Arbeitseinkommen.

Es ist davon auszugehen, daß, je mehr produziert wird, desto mehr verteilt werden kann. Der Kopfanteil kann sich, wenn mehr Güter herbeigeschafft werden, vergrößern. In der Tat erhöht die Steigerung der Produktivität unserer Volkswirtschaft durch den Außenhandel nicht nur das Einkommen der Besitzenden, sondern auch das Arbeitseinkommen, den Lohn. Die Arbeiter haben reichlichen Anteil an den Vorteilen, die sich aus dem billigen Massenbezug von Waren aus dem Auslande ergeben. Namentlich steigt die Kaufkraft des von den Arbeitern verdienten Geldes mit Bezug auf viele überseeische Erzeugnisse. Die Einfuhr von Baumwolle und Wolle gestattet ihnen, sich besser zu kleiden; die Einfuhr von Lebensmitteln aus fernen fruchtbaren Gebieten verbilligt ihre Ernährung und ermöglicht es, daß sie Geld zum Ankauf anderer Waren übrig behalten, auf die sie sonst verzichten müßten. So kann es keinem Zweifel unterliegen, daß der hohe Stand der englischen Löhne zum großen Teil darauf zurückzuführen ist, daß die englischen Unternehmer es verstehen, die wirtschaftlichen Hilfsquellen des Auslandes zu erschließen und einen großen Teil der Schätze der Erde nach England fließen zu lassen. Die Fülle der Güter, die so zusammenströmt, kommt auch den englischen Arbeitern zugute. Ebenso sind in Deutschland zahlreiche und erhebliche Steigerungen des Lohnes möglich geworden, seitdem dem deutschen Volke durch eine starke Ausdehnung seines Außenhandels ein größerer Anteil an den Schätzen der ganzen Erde gesichert worden ist.

Durch die Beteiligung am Weltverkehr verbessert sich aber die Lage der Arbeiter nicht nur absolut, infolge der Verbilligung vieler wichtiger Waren, sie verbessert sich auch relativ insofern, als der Anteil der Arbeiter an der nationalen Produktion steigt. Das Arbeitseinkommen **muß auf Kosten des Besitzeinkommens (Rente, Zins) steigen.**

Das Verhältnis zwischen Arbeitslohn und Bodenrente soll am Beispiel der Getreideproduktion klargelegt werden. Infolge der ungleichen Fruchtbarkeit des deutschen Ackerlandes ist die Ergiebigkeit des mit Getreide bestellten Bodens sehr verschieden. Von einer bestimmten Fläche ernte ich durchschnittlich 140 dz Weizen, von einer zweiten gleich großen 120 dz, von einer dritten ebenso großen 100 dz. Nehmen wir an, der Weizenpreis sei ein einheitlicher, und die Bestellungskosten, Arbeitslohn und Kapitalzinsen seien auf allen Flächen gleich. Diese Bestellungskosten sollen 1800 Mark betragen, d. h. bei einem Weizenpreise von 18 Mark für den Doppelzentner den Wert von 100 dz darstellen. Bei einem solchen Preise genügt der Erlös vom dritten Grundstücke gerade zur Befriedigung der Ansprüche der Arbeiter und der Kapitalisten. Auf den beiden fruchtbareren Grundstücken lassen sich jedoch bei demselben Weizenpreise 2160 Mark und 2520 Mark erzielen; d. h. dem Bodenbesitzer bleibt nach Bezahlung der Arbeiter und Kapitalisten noch ein Überschuß von 360 Mark und 720 Mark. Dieses besondere Einkommen des Bodenbesitzers heißt die Bodenrente. Ein viertes gleichgroßes, aber weniger fruchtbares Stück Land würde bei gleichem Arbeits- und Kapitalaufwande nur 80 dz Weizen ergeben. Da sich für diese nur 1440 Mark erlösen ließen, die nicht einmal zur Deckung der aufgewandten Kosten ausreichen würden, verzichtet der Besitzer auf die Bestellung des Stückes mit Weizen; er benutzt es vielleicht als Weideland.

Wie wirkt nun ein Steigen oder ein Fallen des Weizenpreises? Wir nehmen an, daß Jahre vergehen, die Bevölkerung zunimmt, die Nachfrage nach Weizen sich vermehrt, daß aber eine Weizenzufuhr aus dem fruchtbaren Auslande ausgeschlossen ist. Dann muß der Weizenpreis allmählich höher und höher steigen, während die Bestellungskosten unverändert bleiben können. Bei einem Weizenpreise von 20 Mark bringen die drei ersten Grundstücke einen Ertrag von 2800, 2400 und 2000 Mark; nach Abzug der Kosten (1800 Mark) ergibt sich jetzt auch auf dem dritten Grundstück eine Bodenrente (200 Mark), und die Renten der beiden besten Stücke sind von 360 und 720 Mark auf 600 und 1000 Mark gestiegen. Die Bestellung des vierten Grundstücks mit Weizen rentiert sich bei dem höheren Preise von 20 Mark noch immer nicht. Steigt aber der Preis auf 23 Mark, so lassen sich für 80 dz 1840 Mark erlösen; dann verlohnt sich die Bestellung des vierten Stückes mit Weizen; es werden nicht nur die Arbeits- und Kapitalkosten gedeckt, es bleibt sogar noch eine Bodenrente von 40 Mark übrig. Die anderen Grundstücke bringen bei dem hohen Weizenpreise 2300, 2760 und 3220 Mark Erlös, ergeben mithin Renten von 500, 960 und 1420 Mark. Die Preissteigerung bewirkt also eine bedeutende

Erhöhung des Einkommens aus Bodenbesitz. Dieser Verbesserung der Lage der Bodenbesitzer entspricht eine Verschlechterung der Lage der Arbeiter und der Kapitalisten. Wenn sie auch nach wie vor für ihre Produktionsleistung 1800 Mark empfangen, so müssen sie doch als Konsumenten ihr Getreide teurer bezahlen als früher und sich infolgedessen im Ankauf anderer Waren, die entbehrlicher als Getreide sind, beschränken. Die weitere Gestaltung des Verhältnisses zwischen Boden- und Kapitalbesitzern mag hier unerörtert bleiben. Was den Arbeitslohn betrifft, so ist anzunehmen, daß bei zunehmender Bevölkerung und gleichbleibender Ergiebigkeit der Bodenproduktion nicht nur der Real-, sondern auch der Nominallohn sinkt, daß also auch der nominelle Anteil der Arbeiter an jenen 1800 Mark Bestellungskosten sich verringert. Wächst die Bevölkerung weiter, so wird die Lage der Bodenbesitzer immer angenehmer; die Renten steigen höher und höher; die Löhne sinken tiefer und tiefer; die Lage der grundbesitzlosen Arbeiter wird immer schlimmer. Dann können die verhängnisvollen Folgen eintreten, die die Entwickelung der Völker schon oft schwer beeinträchtigt haben: unzureichende Ernährung, Erhöhung der Sterblichkeit, namentlich der Kinder, Verminderung der Zahl der Eheschließungen und der Geburten, Zunahme der Auswanderung.

Umgekehrt verhält es sich, wenn sich Gelegenheit bietet, aus fruchtbaren ausländischen Gebieten Weizen billig zu beziehen. Das größere Angebot von Weizen drücke den Preis auf 16 Mark hinunter. Dann ist natürlich ausgeschlossen, daß das vierte, weniger fruchtbare Stück Land mit Weizen bestellt wird; die Kosten würden weit größer sein als der Ertrag. Aber es ist nunmehr auch unrentabel, das dritte Stück mit Weizen zu bestellen, da seine Bestellung 1800 Mark kosten, die Ernte aber nur 1600 Mark ergeben würde. Auf dem zweiten und ersten Stück würde man Weizen im Werte von 1920 und 2240 Mark ernten; die Rente sinkt dann also auf 120 und 440 Mark. Entsprechend dieser Verschlechterung der Lage der Bodenbesitzer verbessert sich die Lage der Weizenkonsumenten. Die Arbeiter brauchen von dem auf sie entfallenden Anteil an den 1800 Mark verhältnismäßig weniger auf den Ankauf von Mehl, Brot usw. zu verwenden; sie können also Ersparnisse machen oder ihren Verbrauch anderer Gegenstände steigern. Dann kann auch die Zahl der Eheschließungen und Geburten zunehmen und die Auswanderung beschränkt werden; das Volk erhält neue Entwickelungsmöglichkeiten.

Die am Beispiel des Getreidebaues dargelegte Regel läßt sich allgemein folgendermaßen ausdrücken: Bei Abschluß vom Weltmarkt steigt das Einkommen der Besitzer unentbehrlicher, aber nicht beliebig vermehrbarer Produktionsmittel auf Kosten der Besitzlosen; beim Anschluß an die Weltwirtschaft wird die Ausbeutung einer Monopolisierung dieser Produktionsmittel verhindert oder wenigstens erschwert. Der Weltverkehr schmälert das Renteneinkommen zugunsten des Arbeitseinkommens, eine Wirkung, die vom Standpunkt der Sozialreform aus als höchst wünschenswert bezeichnet werden muß.

Wenn die Monopolstellung künstlich geschaffen ist, d. h. nicht auf der natürlichen Begrenztheit der Naturstoffe, wie des Bodens, beruht, so ist der Vorgang der gleiche. Dies ist für die neuere Gewerbepolitik, insbesondere die Kartell- und Trustfrage, von großer Bedeutung. Den monopolistischen Maßregeln von Kartellen und Trusts zur Ausbeutung der Konsumenten durch Preiserhöhungen kann vielfach durch Anschluß an die Weltwirtschaft, d. h. durch Herbeirufen des ausländischen Wettbewerbes entgegengewirkt werden.

Über das Verhältnis des Zinses, der zweitwichtigsten Art des Besitzeinkommens, zum Lohn sei hier nur kurz bemerkt, daß der Weltverkehr die Tendenz hat, auch ihn zugunsten des Arbeitseinkommens zu verringern. Wenn die Produktivität der Arbeit infolge der internationalen Arbeitsteilung steigt, so wird die Kapitalbildung zunehmen. Der Wettbewerb der einzelnen Kapitalisten bringt dann den Zinsfuß zum Sinken und ruft eine Mehrnachfrage nach Arbeitskräften hervor, welche den Lohn in die Höhe treibt. Tatsächlich ist ja auch der Zinsfuß in den Ländern, die sich am regsten am Weltverkehr beteiligen, am niedrigsten.

Die von den Unternehmern so geschätzte Stetigkeit des wirtschaftlichen Lebens, die durch den Anschluß an die Weltwirtschaft gefördert wird, ist auch für die Arbeiter von großer Wichtigkeit. Die Arbeiter bleiben dann länger in ihren Stellungen, und Angebot und Nachfrage auf dem Arbeitsmarkte regeln sich leichter. Stellen wir uns die verheerenden Folgen einer Mißernte in einem vom Weltmarkte abgeschlossenen Lande vor. Infolge der Mißernte steigen die Getreide- und damit die Brotpreise stark. Infolgedessen ist die große Masse der Konsumenten genötigt, sich beim Verbrauch vieler Waren einzuschränken. Die Artikel, welche einigermaßen entbehrlich sind, werden alsbald nur in geringeren Mengen verlangt, so die teureren Nahrungs- und Genußmittel wie Fleisch, Butter, Kaffee, Zucker, Wein usw. Man gibt weniger für Kleidung und Wohnung aus; man kauft weniger Bücher, Möbel, Schmucksachen. Die Folge davon ist, daß in vielen Erwerbszweigen die Produktion eingeschränkt werden muß. Viele Arbeiter werden entlassen; sie suchen neue Beschäftigung und drücken dadurch notgedrungen den Arbeitslohn allgemein herab. Das Übel wird vielleicht noch durch Streiks verschlimmert, die den Rückgang der Löhne aufhalten sollen, jedoch bei ungünstiger Konjunktur wenig Aussicht auf Erfolg haben. Aber auch ein plötzliches starkes Fallen der Getreidepreise infolge einer überreichen Ernte erschüttert die Ruhe des Arbeitsmarktes, allerdings in einer für die Arbeiter erfreulicheren Weise. Man braucht nicht mehr soviel für Brot zu zahlen und kann daher mancherlei andere Dinge kaufen. Die gesteigerte Nachfrage führt zu einer Erweiterung der Produktion und natürlich zunächst zu einem eifrigen Suchen nach geeigneten Arbeitskräften. Der angebotene höhere Lohn veranlaßt viele Arbeiter zum Wechsel der Beschäftigung. So schleudert jedes stärkere Schwanken der Konjunktur eine große Zahl Arbeiter hin und her. Wie viele Übelstände und Verluste damit verbunden sind, braucht wohl nicht im einzelnen dargelegt zu werden; erinnert sei nur an die mit dem Wechsel häufig verbundenen Wohnungsveränderungen, zeitweilige Trennungen von der Familie, die mangelnde Ausnutzung mühsam erworbener Geschicklichkeiten. Kann ein Volk dagegen im Falle der Mißernte Lebensmittel aus dem Auslande beziehen oder bei einer zu reichlichen Ernte Lebensmittel an das Ausland abgeben, so mildern sich die Preisschwankungen, die Waren- und Arbeitsmärkte bleiben ruhiger, und Unternehmer wie Arbeiter können zum beiderseitigen Vorteil bei ihrer gewohnten Tätigkeit bleiben.

Die Beteiligung an der Weltwirtschaft ist für das deutsche Volk gegenwärtig nicht nur äußerst nützlich, sondern sogar notwendig. Sie ist ein Gebot der Selbsterhaltung. Wohl könnte Deutschland ohne auswärtigen Verkehr als ein kleines unbedeutendes Land ein kümmerliches Dasein inmitten großer Weltreiche fristen; ob es ihm dauernd gelingen würde, bei solcher Schwäche seine politische Selbständigkeit zu wahren, ist allerdings zweifelhaft. Sicher aber ist, daß es sich dann nicht in seiner jetzigen starken Stellung als Großmacht erhalten könnte; anhaltendes Siechtum wäre die Folge eines Durchschneidens der „Sehnen" seines Verkehrs mit dem Auslande.

Die Unentbehrlichkeit des Außenhandels wird häufig falsch begründet. Man hat z. B. gesagt, wir müßten Waren einführen, weil die Bedürfnisse der Konsumtion weit hinausgewachsen seien über den Kreis der Erzeugnisse, die durch die natürliche Ausstattung des Landes ermöglicht seien, und wir müßten Waren ausführen, weil unsere Produktion über den eigenen Bedarf hinausgewachsen sei. Diese Begründung ist unzulänglich; denn man kann die Sätze umdrehen: die Bedürfnisse sind über den Kreis der heimischen Erzeugnisse hinausgewachsen, weil wir Waren einführen; unsere Produktion ist über den eigenen Bedarf hinausgewachsen, weil wir Waren ausführen. Diese Beweisführung bewegt sich im Kreise.

Der Fehler besteht darin, daß hier Produktion und Konsumtion als von vornherein feststehende Größen angenommen werden, denen sich Ein- und Ausfuhr anzupassen hätten. In Wirklichkeit liegen aber Wechselwirkungen vor. Produktion und Konsumtion passen sich den Möglichkeiten von Ein- und Ausfuhr an. Entscheidend ist dabei, ob Eigenproduktion oder Bezug aus dem Auslande, bzw. Eigenkonsumtion oder Abgabe an das Ausland bei jeder einzelnen Ware vorteilhafter ist. Es ist kein Gebot des Schicksals, keine „Notwendigkeit", daß wir in Deutschland etwa doppelt so viel Zucker produzieren, wie wir im Inlande unterbringen können. Nur mit Rücksicht auf die Möglichkeit der Zuckerausfuhr und auf ihre Vorteile ist die deutsche Zuckerproduktion über den eigenen Bedarf hinaus gesteigert worden. Man baute auf dem verfügbaren Lande mehr Zuckerrüben und infolgedessen weniger von einer anderen Frucht, etwa Weizen, weil die Berechnungen ergeben hatten, daß die Produktionsbedingungen für Zucker in Deutschland, die für Weizen im Auslande günstiger seien, daß es also vorteilhaft sei, fremden Weizen einzukaufen und deutschen Zucker zu verkaufen. Wenn sich die Marktlage ändert, so paßt sich die Produktion der neuen Preisgestaltung an, soweit die Natur es gestattet; dann baut man auf dem vorhandenen Boden vielleicht wieder Weizen statt der Rüben; und es entfällt dann die „Notwendigkeit" einer Weizeneinfuhr und einer Zuckerausfuhr. Die Worte „Unentbehrlichkeit" und „Notwendigkeit" sind also in diesem Zusammenhange, wo es sich nur um das Ausnutzen günstiger Herstellungs- und Absatzbedingungen handelt, nicht am Platze. Der für unser gesamtes nationales Leben außerordentlich wichtige Satz von der Notwendigkeit der Beteiligung des deutschen Volkes am Weltverkehr muß in anderer Weise begründet werden.

Die Notwendigkeit der Teilnahme Deutschlands an der Weltwirtschaft beruht auf der elementaren Tatsache, daß der deutsche Boden für das deutsche Volk zu klein geworden ist. Das Verhängnis droht nicht für die Zukunft, es ist bereits Wirklichkeit: es ist unmöglich, für die heutige deutsche Bevölkerung aus dem deutschen Boden die Güter zu erzeugen, die sie zum Leben braucht; sie muß die Beihilfe des Auslandes in Anspruch nehmen. Auf seine eigenen Hilfsquellen angewiesen, wäre Deutschland nicht imstande, seine 65—70 Millionen Bewohner auch nur in der notdürftigsten Weise zu ernähren, zu bekleiden oder zu behausen.

Der Boden Deutschlands umfaßt 54 Millionen Hektar, von denen 5 Millionen (Haus- und Hofräume, Öd- und Unland, Wege, Gewässer usw.) für die Gewinnung von Bodenprodukten nicht verfügbar sind. Von den übrigbleibenden 49 Millionen Hektar entfallen 26¼ auf Acker- und Gartenland, $^1/_7$ auf Weinberge, 6 auf Wiesen, 2⅔ auf Weiden und Hutungen und 14 auf Forsten und Holzungen. Zu Befriedigung des Bedarfs des deutschen Volkes an Getreide, tierischen Erzeugnissen und Holz — um nur das Wichtigste zu nennen — reichen die vorhandenen Flächen nicht aus.

Der jährliche Bedarf Deutschlands an Nutzholz wurde vor einigen Jahren auf 23 Millionen Kubikmeter veranschlagt. Hiervon lieferten die deutschen Forsten 16½ Millionen, die ausländischen 6½. Zur Gewinnung der eingeführten Menge Nutzholz wäre eine Vermehrung des deutschen Waldlandes um 4¼ Millionen Hektar erforderlich, d. h. um eine Fläche von der Größe der preußischen Provinzen Hessen-Nassau und Rheinland zusammengenommen.

Von dem deutschen Acker- und Gartenlande ist die größere Hälfte (61 %) dem Bau von Getreide und Hülsenfrüchten gewidmet. Auf den 16 Millionen Hektar Getreideland werden durchschnittlich 26 Millionen Tonnen Körner (Weizen, Roggen, Gerste, Hafer) geerntet; vom Auslande kommt dazu eine Mehreinfuhr von 4—5 oder, wenn man Mais mitberechnet, 5—6 Millionen. Zur Erzeugung dieser vom Auslande gelieferten Getreidemengen müßte der deutsche Boden um eine Fläche von der Größe Badens und Württembergs vermehrt werden.

Wo vollends fänden wir Platz für die zahllosen Viehherden, deren wir bedürften, um das deutsche Volk in gewohnter Weise mit tierischen Erzeugnissen zu versorgen!

Wir besitzen in Deutschland zurzeit etwa 7—8 Millionen Schafe, die jährlich rund 10 Millionen Kilogramm Wolle liefern. Unsere Spinnereien brauchen aber jährlich etwa 600 Millionen Kilogramm Spinnstoffe; sie bezogen in den letzten Jahren durchschnittlich 400 Millionen Kilogramm Baumwolle und 200 Millionen Kilogramm Schafwolle aus dem Auslande. Mag ein beträchtlicher Teil der aus den fremden Rohstoffen gefertigten Fabrikate wieder dem Auslande zugeführt werden, der größte Teil wird im Inlande verbraucht. Die Zahl der heute in Deutschland vorhandenen Schafe müßte auf das 30- oder 40fache erhöht werden, um das deutsche Volk mit den notwendigen Bekleidungsstoffen zu versorgen. Wo aber sollen diese 200 bis 300 Millionen Schafe in unserem dicht besiedelten Lande weiden? Außer Wolle und Baumwolle liefert uns das Ausland noch jährlich rund 30 Millionen Kilogramm Flachs, ebensoviel Hanf, 15 Millionen Kilogramm Hede (Werg), 6 Millionen Kilogramm Seide.

Der Gesamtwert der Erzeugnisse der deutschen Viehzucht, einschließlich der Geflügelzucht, betrug im Jahre 1900 (nach P. Voigt) rund 4 Milliarden Mark (Fleisch 1800—1900; Milch, Butter, Käse 1600—1700; Häute, Felle, Hörner, Wolle 150—200; Produkte der Geflügel- und Bienenzucht 250; Pferde 50 Millionen Mark). Diese Produktion reichte bei weitem nicht zur Deckung des heimischen Bedarfs aus. Der Überschuß der deutschen Einfuhr fremder Erzeugnisse über die deutsche Ausfuhr betrug in den letzten Jahren durchschnittlich an Pferden 92 Millionen Mark, an Rindvieh 78, an Schweinen 19, an Federvieh 56, an Fleisch 16, an Schmalz und schmalzartigen Fetten 119, an Talg 12, an Käse 28, an Butter 88, an Eiern 155, an Bettfedern 18, an Häuten und Fellen 234, an Därmen, Blasen u. dgl. 41, an Borsten 5, an Pferdehaaren 5, an Wolle 311 Millionen Mark. Das sind Summen, deren Gesamtbetrag eine Milliarde Mark weit übersteigt; und es fehlen noch zahlreiche kleinere Artikel in der Liste.

Gewiß ließe sich durch intensivere Wirtschaft dem vorhandenen deutschen Boden ein Mehr von Produkten abgewinnen, aber nur innerhalb enger Grenzen, und auch dann meistens nur unter Zuhilfenahme anderer ausländischer Erzeugnisse, wie Düngemittel und Futterstoffe. Schon heute liefert uns das Ausland zur Steigerung der Intensität unserer Landwirtschaft und Viehzucht erhebliche Mengen, so im Jahre 1910 an Chilesalpeter 129, an Guano 4, an Kleie u. dgl. 114, an Ölkuchen 65, an Kleesaat 34 Millionen Mark.

Keine Kunst hilft uns über die Tatsache hinweg, daß wir zur Erzeugung unserer unentbehrlichsten Existenzmittel sehr viel mehr Land brauchen würden, als heute dem deutschen Volke in Europa zur Verfügung steht. Wohl läßt sich die Ackerfläche auf Kosten des Wiesen- und Waldgebietes, die Wiesenfläche auf Kosten des Acker- und Waldlandes und die Waldfläche auf Kosten der beiden anderen ausdehnen, aber nicht alles gleichzeitig, was doch notwendig wäre angesichts des gewaltigen Mangels an Land auf allen drei Gebieten. Das deutsche Volk ist unabänderlich darauf angewiesen, zur Befriedigung seiner dringendsten Lebensbedürfnisse über seine Grenzen hinauszugreifen. Glücklicherweise liegen die wirtschaftlichen Verhältnisse so, daß fremde Völker sich freuen, das deutsche Volk an der Ausnutzung ihres Landes, das sie im Überfluß besitzen, teilnehmen zu lassen. Mit Hilfe des Weltverkehrs verfügt Deutschland über die Erzeugnisse weiter Strecken Landes in Osteuropa, Nord- und Südamerika, Südafrika, Australien usw. Dort, vielfach weit über See, sind die Getreidefelder, Plantagen, Forsten, Schaftriften, Bergwerke usw., in und auf denen Fremde unablässig Güter zu schaffen bemüht sind für die Ernährung, Bekleidung und Behausung eines großen Teiles des deutschen Volkes.

Seltsamerweise ist die Bedeutung dieser Tatsache, man muß sagen: der Ernst dieser Sachlage, vielen Deutschen, denen das Wohl ihres Volkes am Herzen liegt, noch nicht zum Bewußtsein gekommen.

IV. Gefahren der Teilnahme Deutschlands an der Weltwirtschaft.

Das gewaltige Wachstum des Außenverkehrs, dessen wir zur Erhaltung unserer Bevölkerung unbedingt bedürfen, birgt sehr ernste Gefahren in sich. Wir müssen uns darauf verlassen können, jahraus jahrein große Mengen unentbehrlicher Rohstoffe, Lebensmittel usw. vom Auslande zu erhalten und umgekehrt regelmäßig große Mengen unserer Produkte an das Ausland abzusetzen. Darauf beruht die Anlage der Kapitalien und die Verteilung der Arbeitskräfte in Deutschland. Werden die Handelsbeziehungen zum Auslande unterbrochen oder erheblich gestört, so muß innerhalb der deutschen Volkswirtschaft eine furchtbare Verwirrung entstehen; viele Arbeiter werden brotlos, viele Kapitalien entwertet. Die sozialen und politischen Folgen einer solchen Erschütterung können furchtbar sein. Die Kräfte, welche derartige schlimme Störungen hervorrufen können, entziehen sich zum großen Teil unserer Kontrolle. Sie wurzeln im Ausland, und zwar vielfach in fremden Ländern, die uns nichts weniger als wohlwollen. Haben es aber fremde Staaten in ihrer Hand, uns wirtschaftlich und damit auch politisch zu schwächen, so werden sie angesichts der heute überall bestehenden internationalen Rivalitäten häufig auch geneigt sein, uns ihre Macht fühlen zu lassen, namentlich zu Zeiten, in denen wir schon sonstwie bedroht sind. Mit Recht haben daher manche Politiker darauf hingewiesen, daß eine bedeutsame, ja verhängnisvolle Folge unserer regen Teilnahme am Weltverkehr eine Vergrößerung unserer Abhängigkeit vom Auslande sei.

Diese Abhängigkeit beruht zwar auf Gegenseitigkeit; denn das Ausland wird durch den wirtschaftlichen Verkehr mit uns auch seinerseits von uns abhängig, und in dieser Gegenseitigkeit, in der Gemeinsamkeit des Risikos, liegt ein sehr wesentliches Moment der Sicherheit; denn der Gegner, der uns schädigen möchte, wird häufig diesen Wunsch unterdrücken, wenn er weiß, daß er durch seine gegen uns gerichteten Maßregeln sich selbst ebensosehr schädigen wird. Aber das Risiko des Gegners beseitigt nicht unser Risiko. Die Abhängigkeit vom Auslande ist trotz aller Gegenseitigkeit voller Gefahren. Es ist unsere Pflicht, die Gefahren genau zu prüfen und, soweit möglich, Maßregeln zur Sicherung unserer Volkswirtschaft zu ergreifen.

Die Quellen der Unsicherheit sind zweifach: wirtschaftlich und politisch.

Erstens wird Deutschland infolge seiner Verflechtung in den Weltverkehr durch alle Schwankungen der wirtschaftlichen Konjunktur im Auslande in Mitleidenschaft gezogen. Wir sind abhängig vom Ausfall der Ernten in Amerika, Australien usw., von ausländischen Lohnkämpfen und politischen Wirren, von Machenschaften fremder Börsen, von Epidemien in exotischen Ländern, kurz von Auslandsereignissen aller Art, sofern dieselben wirtschaftliche Folgen haben. Jede Störung des Wirtschaftslebens im Auslande macht sich, bald stärker, bald schwächer, auch in Deutschland fühlbar.

Zweitens haben es fremde Völker in ihrer Hand, Deutschland durch politische Maßregeln verschiedener Art zu schädigen. Das beliebteste Mittel ist die Erschwerung oder die Verhinderung der Einfuhr deutscher Waren durch hohe Zölle; weiter kommen in Betracht Maßregeln zur Erschwerung der Niederlassung deutscher Kaufleute im Auslande, die Besteuerung deutscher Reisender, Abgaben, die im Auslande von deutschen Schiffen erhoben werden, der Ausschluß der deutschen Schiffahrt von der Vermittelung des Küstenverkehrs u. dgl. Ferner kann eine fremde Regierung die deutsche Volkswirtschaft dadurch schädigen, daß sie den in Deutschland zur Leistung von landwirtschaftlichen und sonstigen Arbeiten erwarteten Wanderarbeitern das Überschreiten der Grenze untersagt. Der bei weitem wichtigste, wenn auch glücklicherweise nicht häufige Fall der direkten Störung des Handelsverkehrs ist der Kriegsfall.

Ernster als je müssen sich gegenwärtig die Leiter der deutschen Politik die Frage vorlegen: Was wird aus unserem hoch entwickelten Außenhandel und überhaupt aus unserer so innig in den Weltverkehr verschlungenen Volkswirtschaft, wenn Deutschland einen Krieg führen muß? Welche Folgen werden insbesondere dann eintreten, wenn wir es mit einem seegewaltigen Gegner zu tun haben? Leider haben die großen Massen der deutschen Bevölkerung die außerordentliche Wichtigkeit dieser Fragen noch nicht ganz begriffen.

Die wirtschaftliche Entwickelung Deutschlands hat sich so rasch vollzogen, daß es einem großen Teil des deutschen Volkes noch nicht zum Bewußtsein gekommen ist, wie sehr sich die internationale Stellung Deutschlands in den letzten Jahrzehnten verschoben hat, wie vor allem der früher nur zu Lande angreifbare Staat jetzt auch von der See aus verwundbar geworden ist. Noch heute macht es sich im politischen Leben Deutschlands bemerkbar, daß es vor nicht allzu langer Zeit nach außen hin fast machtlos, in Kleinstaaterei und konfessionellen Hader versunken und an überseeischer Politik kaum beteiligt war. Daher dreht sich auch heute noch das politische Interesse des deutschen Volkes im wesentlichen um verfassungs- und verwaltungsrechtliche, konfessionelle und neuerdings um sozialpolitische Fragen, kurz um Fragen der inneren Politik, während man die Sorge für die äußere Politik der Regierung überläßt. Glücklicherweise ist die Reichsregierung sich der Größe der aus der modernen wirtschaftlichen Entwickelung entspringenden Gefahr und der Schwere ihrer Verantwortung bewußt. In knappen, unwiderlegbaren Sätzen wurde schon in der „Begründung" der Marinevorlage des Jahres 1900 der furchtbare Ernst der Sachlage geschildert. „Für das heutige deutsche Reich", so hieß es dort, „ist die Sicherung seiner wirtschaftlichen Entwickelung, im besonderen seines Welthandels, eine Lebensfrage. Ein Seekrieg um wirtschaftliche Interessen, insbesondere um Handelsinteressen, wird voraussichtlich von längerer Dauer sein; denn das Ziel eines überlegenen Gegners wird um so vollständiger erreicht, je länger der Krieg dauert. Dazu kommt, daß ein Seekrieg, der nach Vernichtung oder Einschließung der deutschen Seestreitkräfte auf die Blockade der Küsten und die Wegnahme der Handelsschiffe auf den Weltmeeren beschränkt wird, dem Gegner wenig kostet, im Gegenteil die Kosten des Krieges durch den gleichzeitigen Aufschwung seines eigenen Handels reichlich deckt. Ein unglücklicher Seekrieg von auch nur einjähriger Dauer würde Deutschlands Seehandel vernichten und dadurch zunächst auf wirtschaftlichem und als unmittelbare Folge davon auf sozialem Gebiete die verhängnisvollsten Zustände herbeiführen. Ganz abgesehen von den Folgen der möglichen Friedensbedingungen würde eine Vernichtung des Seehandels während des Krieges auch nach Beendigung desselben in absehbarer Zeit nicht wieder gut zu machen sein und dadurch zu den Opfern des Krieges einen schweren wirtschaftlichen Niedergang hinzufügen.

Im Kriege mit einer erheblich überlegenen Seemacht wird die im (bisherigen) Flottengesetz vorgesehene Schlachtflotte eine Blockade erschweren, namentlich im ersten Stadium des Krieges, aber niemals verhindern können. Es wird stets nur eine Frage der Zeit sein, daß sie niedergekämpft oder nach erheblicher Schwächung im eigenen Hafen eingeschlossen wird. Sobald dies der Fall, läßt sich kein Großstaat leichter von jeglichem nennenswerten Seeverkehr — sowohl der eigenen Schiffe als auch der Schiffe neutraler Mächte — abschließen, als Deutschland. Es bedarf dazu nicht der Blockierung langer Küstenstrecken, sondern nur der Blockade der wenigen großen Seehäfen. In gleicher Weise wie der Verkehr nach den heimischen Häfen sind die deutschen Handelsschiffe auf allen Weltmeeren der Gnade des seemächtigeren Gegners ausgeliefert. Feindliche Kreuzer auf den Haupthandelswegen, im Skagerrak, im englischen Kanal, im Norden von Schottland, in der Straße von Gibraltar, am Eingange des Suezkanals und am Kap der guten Hoffnung machen deutschen Schiffsverkehr nahezu unmöglich."

Seitdem dies geschrieben wurde, ist die Seerüstung des Deutschen Reiches erheblich verstärkt worden. Aber auch der deutsche Außenhandel ist seitdem stark gewachsen. Zweifellos ist die Gefahr einer feindlichen Blockade noch nicht beseitigt. Sollte eine Blockade von längerer Dauer sein, so ist das daraus entspringende wirtschaftliche Unheil kaum auszudenken. Was soll unsere Industrie machen, wenn die wichtigsten Rohstoffe, deren sie bedarf, nicht mehr ins Land gelangen können, und wenn die Ausfuhr ihrer Produkte abgesperrt ist? Unzählige Werkstätten und Fabriken müssen dann geschlossen, Millionen Arbeiter entlassen werden. Wurde doch oben festgestellt, daß etwa ein Fünftel der deutschen Bevölkerung unmittelbar vom Außenhandel lebt. Und was soll aus dem Teil der Bevölkerung werden, der bisher die brotlos gewordenen Millionen mit Lebensmitteln u. dgl. versorgte? Eine Wirtschaftskrisis voll unerhörter Schrecken wäre unausbleiblich. Not und Elend würden im ganzen Lande herrschen. Den Organismus der deutschen Volkswirtschaft, der mit der Weltwirtschaft durch so viele und starke Bande verwachsen ist, würde ein Durchschneiden dieser Bande der Verblutung nahe bringen. Es bedarf keines Beweises, daß wir Deutschland vor solchen Gefahren so rasch und so gründlich wie möglich sichern müssen.

Noch eine weitere Gefahr für Deutschlands Macht ergibt sich aus seiner Teilnahme am Weltverkehr; ihr schenkt man in der Regel zu wenig Beachtung.

Die Kenntnis der fremden Länder erweckt in vielen Deutschen den Trieb zur Auswanderung. Es ist ja nicht zu bezweifeln, daß die Lebensbedingungen in manchen gering bevölkerten überseeischen Gebieten besser sind als in Deutschland, wo sich durchschnittlich 120 Menschen auf dem Quadratkilometer zusammendrängen. Namentlich die Fülle fruchtbaren billigen Bodens, deren sich noch viele dünn besiedelte Länder erfreuen, lockt manchen tatkräftigen Mann aus der Heimat. Etwa 7 Millionen Menschen haben im vorigen Jahrhundert Deutschland verlassen. Diese Massenauswanderung hat anderen Ländern, namentlich den Vereinigten Staaten von Amerika, wertvolles Menschenmaterial geliefert. Aber dem deutschen Vaterlande, ja sogar dem deutschen Namen und Volkstum, sind die Millionen fast ganz verloren gegangen. Wie anders stände es um die Macht der Deutschen auf der Erde, hätten sich diese gewaltigen Scharen unter dem Schutze des deutschen Reichsbanners in der Neuen Welt geschlossen angesiedelt, wie es ein gütiges Geschick den Angelsachsen und Iren unter britischer Flagge beschieden hat! Wenn sich das deutsche Volk nicht durch solche Menschenverluste weiter schwächen lassen will, so muß es dafür Sorge tragen, daß seine auswanderungslustigen Söhne und Töchter auch über See weite fruchtbare Gebiete finden können, auf denen sie ihrem Volkstum, wenn irgend möglich, auch dem deutschen Staate erhalten bleiben. Infolge des Rückgangs der deutschen Auswanderung im letzten Jahrzehnt scheint diese Frage gegenwärtig weniger wichtig zu sein. Wer aber bürgt uns dafür, daß die deutschen Auswandererscharen nicht binnen kurzem wieder erheblich anschwellen werden?

Wie ist nun die Rettung aus so großen Gefahren zu suchen? Wie sichern wir uns gegen das gewaltige Risiko unseres Weltverkehrs?

Kann die Losung „Rückwärts!" lauten? D. h. kann dem deutschen Volke zugemutet werden, sich aus dem Weltverkehr zurückzuziehen? Dies ist ganz undenkbar. Selbst ein so scharfer Gegner der „Industrialisierung" Deutschlands und ein so eifriger Warner vor den Gefahren der weltwirtschaftlichen Entwickelung wie Adolf Wagner muß zugestehen, daß wir im letzten Menschenalter „unvermeidlich immer mehr in den Weltverkehr hineingezogen" sind, und daß es „auf dieser Bahn kein Halten geben" wird. „In steigender Einfuhr, in steigender Ausfuhr", so sagte er im Jahre 1902, „werden wir uns am Weltverkehr beteiligen müssen zum Segen unseres Volkes, zum Segen unserer Volkswirtschaft." Einfach undiskutierbar ist der Gedanke, daß unsere wichtigsten Industrien, die Textil-, die chemische, die Metall-, die Holz-, die Leder-, die Öl-, die Kautschuk-, die Bekleidungsindustrie sowie die Landwirtschaft die Mengen ausländischer Roh- und Hilfsstoffe, die sie jetzt verbrauchen, nicht mehr aus der Ferne, wo sie allein oder am besten zu erhalten sind, beziehen sollten. Und wer wollte den deutschen Konsumenten im Ernste zumuten, auf den Verbrauch der Produkte heißer Zonen (Kaffee, Tee, Kakao, Reis, Gewürze) sowie der sogenannten Südfrüchte, des Petroleums usw. zu verzichten!

Entschlössen wir uns aber aus Furcht vor dem Risiko des Weltverkehrs wirklich, so genügsam zu sein, und versuchten wir, doppelt und dreifach so hart zu arbeiten wie jetzt, um dem deutschen Boden das abzuringen, was wir uns jetzt leicht vom Auslande liefern lassen, so würden die Folgen einer solchen Politik noch schlimmer sein als die Übel, denen wir entrinnen wollten. Wir kämen nur „aus dem Regen in die Traufe"!

Zunächst würde unser Wirtschaftsleben durch die Absperrung vom Weltverkehr keineswegs an Stetigkeit gewinnen; im Gegenteil, es würde vor Störungen noch weniger sicher sein als jetzt. Zwar würde dann Deutschland unter den üblen Folgen von Konjunkturschwankungen auf dem Weltmarkte nicht mehr zu leiden haben. Um so stärker würde aber die schlimme Wirkung von Konjunkturschwankungen auf den heimischen Märkten sein. Die Konjunktur in allen Wirtschaftszweigen hängt in erster Linie vom Ausfall der Ernten ab. Die Schwankungen der Ernteergebnisse sind, wie allerwärts die Erfahrung gezeigt hat, um so größer, je kleiner das Wirtschaftsgebiet ist; die Welternten sind viel gleichmäßiger als die irgendeines einzelnen Landes. Je vollkommener sich die Verschiedenheit der Ernteergebnisse in den einzelnen Ländern ausgleichen läßt, desto ruhiger gestaltet sich das Wirtschaftsleben im allgemeinen. Ähnlich ist es mit anderen störenden Einflüssen wie sozialen Kämpfen, Börsenspekulationen, Seuchen usw. Man kann daher sagen, daß bei Abschließung vom Weltverkehr das Risiko der „Auslandsereignisse" nur durch das größere der „Inlandsereignisse" ersetzt wird (Dietzel).

Dazu käme die furchtbarste politische Schwächung unseres Vaterlandes. Der politische Organismus würde, da ja der deutsche Boden nur eine viel kleinere Bevölkerung als die jetzige mit ihrer Lebensnotdurft versorgen kann, einem entsetzlichen Aderlaß unterzogen werden. Die Not würde bald so groß werden, daß Hunderttausende das Land verlassen würden; und der Tod würde eine überreiche Ernte halten, namentlich unter den Säuglingen und in der Arbeiterklasse. Die wirtschaftliche und damit auch die finanzielle Leistungsfähigkeit Deutschlands würde ungeheuer geschwächt werden. Unser Landheer müßte vermindert werden; unsere Flotte würde man wohl an den Meistbietenden versteigern; Käufer würden sich unter den kräftigeren und mutigeren Nationen schon finden. Deutschland hätte sich mit dem Verzicht auf den Weltverkehr aus der Reihe der Großmächte gestrichen; es würde, wie v. Schulze-Gaevernitz vor einigen Jahren sagte, zu einem Agrarstaat dritten Ranges herabgedrückt werden.

Wirtschaftliche Not, Massenauswanderung und politische Schwäche: das wären die Folgen, wenn Deutschland aus Furcht vor den Gefahren des Weltverkehrs sich aus der Weltwirtschaft zurückziehen wollte.

Wir haben hier den extremen Fall des gänzlichen Verzichts auf den Weltverkehr ins Auge gefaßt. Ein teilweiser Verzicht, wie er von manchen Wirtschaftspolitikern empfohlen wird, würde dem deutschen Volke die geschilderten Übel nur zum Teil bringen.

Für ein starkes, ehrliebendes und aufstrebendes Volk kann die Parole nimmermehr „Rückwärts!", sondern nur „Vorwärts!" lauten. Nicht durch feigen Rückzug, sondern durch mutiges Zugreifen begegnen wir der Gefahr.

Das Wichtigste ist die Stärkung unserer Wehrkraft zur See. Die Risikoprämie, die das deutsche Volk zu zahlen hat, besteht hauptsächlich aus den Ausgaben für die deutsche Kriegsflotte. Ist das Ziel der deutschen Seerüstungen erreicht, besitzt erst, wie es in der amtlichen Denkschrift vom Jahre 1900 hieß, Deutschland eine so starke Schlachtflotte, daß ein Krieg auch für den seemächtigsten Gegner mit derartigen Gefahren verbunden ist, daß seine eigene Machtstellung in Frage gestellt wird, so ist die Hauptgefahr für Deutschland beseitigt.

Den Tapferen hilft das Glück! So auch hier:

Je weiter wir uns vorwagen auf den Pfaden des Weltverkehrs, je tatkräftiger wir die entlegensten Wirtschaftsgebiete erschließen, je dichter wir die Maschen des Netzes ziehen, welches Deutschland wirtschaftlich mit allen Teilen der Erde verknüpft, desto geringer wird die Gefahr, daß ungünstige Ereignisse, namentlich schlechte Ernteergebnisse, unser Wirtschaftsleben erschüttern und Krisen hervorrufen.

„Mit je mehr Völkern ein Volk Verkehr und in je mehr Gütergattungen es Verkehr treibt, je weiter verzweigt sein Außenhandel und je mannigfaltiger dessen Inhalt, desto größer die Wahrscheinlichkeit, daß schlechte Chancen durch gute wettgemacht werden; daß, wenn hier ein Tor sich verschließt, dort sich eines öffnet — daß, wenn gewisse Waren nach dem einen Lande weniger ausgeführt werden, z. B. weil hier die Ernte schlechter als gewöhnlich ausgefallen und damit die Kaufkraft gesunken ist, sie nach anderen Ländern, wo die Ernte besser ausgefallen, und daher die Kaufkraft gestiegen ist, desto besser gehen — daß, wenn gewisse Waren seitens des einen Landes in geringeren Mengen geliefert werden, z. B. weil hier ein Krieg oder eine Seuche die Produktion lahmgelegt hat, sie von anderen Ländern, wo die Produktion unter derzeit günstigerem Sterne steht wie sonst, in desto größeren Mengen kommen.“ (Dietzel.)

Das auf alter Volkserfahrung beruhende Sprichwort sagt: „Frisch gewagt ist halb gewonnen!“ Die Ängstlichen, die das deutsche Volk, das sich wieder auf das Weltmeer hinausgewagt hat, schon als „halb verloren“ betrachten, mögen den Gewinn, der uns winkt, wenn wir das Risiko tragen, nicht vergessen. Es ist richtig, daß man, wenn etwas Schlimmes sich ereignet, in „Mitleidenschaft“ gezogen werden kann. Dafür tritt man aber auch in den Mitgenuß von allem Guten, das sich auf der weiten Erde zeigt. Die „unendliche Gabe“, die regelmäßig vom Weltmarkte herbeiströmt, schafft für unser Volk nicht nur einen großen neuen Lebensspielraum; sie kräftigt uns auch so bedeutend, daß wir gelegentliche Erschütterungen leichter überstehen können.

Sobald die Verwundbarkeit Deutschlands von der Seeseite her beseitigt ist, ist es auch in der Lage, bei der Lösung der zahlreichen, immer wichtiger werdenden weltpolitischen Fragen ganz anders aufzutreten als heute, wo es sich beständig wegen der verhältnismäßigen Schwäche seiner Seerüstung große Zurückhaltung auferlegen muß. Seine politische Macht wird wachsen. Sein kultureller Einfluß wird sich auf der ganzen Erde heben. Seine wirtschaftlichen Interessen werden viel tatkräftiger verteidigt werden können.

Nun hat man allerdings mit großem Ernste darauf hingewiesen, daß die enge Verflechtung Deutschlands in die Weltwirtschaft geeignet sei, die politische Macht des Landes durch eine Minderung seiner Wehrfähigkeit zu schwächen. Unter den Gründen, die für die zollpolitische Erschwerung des Bezugs von Getreide, Fleisch und sonstigen landwirtschaftlichen Erzeugnissen aus dem Auslande geltend gemacht wurden, spielte die Gefährdung der Wehrkraft des Deutschen Reiches eine große Rolle. Man verlangte die Erhöhung der Agrarzölle „zur Erhaltung der deutschen Landwirtschaft", welche die Grundlage unseres nationalen Daseins und namentlich unserer nationalen Wehrkraft bilde. Man sagte, infolge des Niedergangs der deutschen Landwirtschaft würde es dem Heere am tüchtigen Rekrutenmaterial vom Lande fehlen; auch würde die Verarmung des grundbesitzenden Adels den Offiziersstand schwer schädigen. Ferner wies man darauf hin, daß Deutschland im Falle eines Krieges ausgehungert werden könnte, wenn es nicht imstande wäre, seinen Getreidebedarf selbst zu decken.

Es ist unmöglich, die Fragen des Notstandes der Landwirtschaft und der Agrarzölle auf dem knappen, hier zur Verfügung stehenden Raum gründlich zu erörtern. Eine Stellungnahme zu den Fragen, allerdings ohne eingehende Begründung, scheint jedoch angesichts der Bedeutung, welche sie in der deutschen Politik gewonnen haben, geboten zu sein.

Das Gedeihen der deutschen Landwirtschaft ist für das ganze deutsche Volk von der größten Wichtigkeit. Wenn unsere Landwirtschaft treibende Bevölkerung in Not gerät, so bedeutet das nicht nur, daß diese selbst, also etwa ein Drittel des deutschen Volkes, schwer leidet, sondern es wird dadurch auch das Wohlergehen der anderen zwei Drittel des Volkes, nicht zum geringsten der industriellen Arbeiterschaft, stark beeinträchtigt. Die Kaufkraft der Landwirte ist für den „inneren Markt" der Industrie von gewaltiger Bedeutung; verringert sie sich erheblich, so sind Absatzstockungen, Kapitalverluste und Arbeitslosigkeit auf industriellem Gebiete unvermeidlich. Wäre die deutsche Landwirtschaft ernstlich gefährdet, so müßte nicht nur aus Rücksicht auf die vielen von ihr lebenden Millionen deutscher Volksangehöriger, sondern auch im Interesse der übrigen Volksbestandteile und vor allem des Volksganzen nach den wirksamsten, wenn auch einschneidendsten Mitteln zu ihrer Rettung gesucht werden.

Seit etwa 30 Jahren ist oft behauptet worden, die deutsche Landwirtschaft sei durch die ausländische Konkurrenz, namentlich die amerikanische und die russische, in ihrer Existenz bedroht; das Ausland könne landwirtschaftliche Erzeugnisse so reichlich und billig liefern, daß die deutschen Landwirte vom Markte verdrängt und in Massen ruiniert werden würden, wenn ihnen nicht staatlicher Schutz gegen jene Konkurrenz zuteil würde. Solche Schutzmaßregeln sind auch in großer Zahl getroffen worden. Der größte Wert wurde auf den Zollschutz gelegt. Im Jahre 1879 wurden Getreidezölle eingeführt; die Zollsätze wurden 1885 und 1887 erhöht, 1892 ermäßigt und 1906 von neuem erhöht; z. B. war seit 1879 bei der Einfuhr eines Doppelzentners Roggen, der damals etwa 16 Mark kostete, ein Zoll von 1 Mark zu zahlen, der 1885 auf 3 Mark und 1887 auf 5 Mark erhöht, 1892 auf 3,50 Mark herabgesetzt und 1906 von neuem auf 5 Mark erhöht wurde.

Über die Berechtigung der deutschen Agrarzölle und über ihre Wirkung ist in den letzten Jahrzehnten mit großer Lebhaftigkeit, ja Erbitterung gestritten worden. Den Klagen über die Not der Landwirte traten die Beschwerden über die Not der wenig bemittelten Konsumenten, namentlich der Arbeiterschaft, deren wichtigste Lebensmittel durch die Agrarzölle stark verteuert wurden, gegenüber. Die sachliche Erörterung der überaus schwierigen Fragen, bei deren Beantwortung die berufensten Fachleute weit auseinander gingen, wurde dadurch erheblich erschwert, daß sie in den Mittelpunkt der politischen Parteikämpfe gestellt wurden. Die „Not der Landwirtschaft" auf der einen und der „Brotwucher" auf der anderen Seite wurden zu politischen Schlagworten. Selbstverständlich wurde in dem scharfen Kampfe auf beiden Seiten stark übertrieben. Da der Streit auch heute noch nicht beendet ist, so ist es schwer, ja unmöglich, über ihn ein Urteil zu fällen, das allerseits als objektiv anerkannt werden muß.

Es soll hier auch nicht zu den Fragen der Einführung, Erhöhung, Ermäßigung oder Abschaffung bestimmter einzelner Agrarzölle Stellung genommen werden; denn das sind Streitfragen der praktischen Politik, deren Entscheidung von dem, beständigem Wechsel ausgesetzten Zusammenwirken der verschiedenartigsten politischen und wirtschaftlichen Faktoren abhängig ist. Es kann sich hier nur um einige geschichtliche und grundsätzliche, von der wechselnden Parteipolitik unabhängige Betrachtungen zur Beurteilung der Agrarzölle und der Lage der deutschen Landwirtschaft handeln, und zwar immer im Hinblick auf die von uns aufgeworfene Frage der möglichen Schwächung der deutschen Wehrkraft.

Nicht zu bestreiten ist, daß infolge des Einsetzens einer scharfen ausländischen Konkurrenz um die Mitte der siebziger Jahre für wichtige Zweige der deutschen Landwirtschaft eine kritische Zeit anbrach. Die Getreidepreise sanken, in manchen Jahren recht erheblich; stellenweise, allerdings meistens nur zu Anfang jener Periode, gingen auch die Güterpreise zurück. Die glänzende Entwickelung, welche die deutsche Landwirtschaft seit der Zeit der Freiheitskriege genommen hatte, kam zum Stillstand. Namentlich warf der Körnerbau nicht mehr so große, beständig steigende Gewinne ab wie früher. Dieser Rückgang wurde um so unangenehmer empfunden, als gleichzeitig viele Zweige der deutschen Industrie kräftig emporwuchsen und zu reicher Blüte gelangten.

Trotz dieser Ungunst der Verhältnisse, die in manchen Jahren auf dem Lande viel Unzufriedenheit erzeugte, ist die deutsche landwirtschaftliche Bevölkerung in den letzten Jahrzehnten an Zahl nicht zurückgegangen; ihren Bevölkerungszuwachs hat sie allerdings an die Industrie abgegeben. Es wäre eine maßlose Übertreibung, wenn man jetzt etwa behaupten wollte, der deutschen Landwirtschaft drohe der Untergang. Die Einkommensverhältnisse auf dem Lande haben sich sogar in den letzten Jahrzehnten zum größten Teile zweifellos verbessert. Allgemein bekannt ist, daß die Löhne der ländlichen Arbeiter erheblich gestiegen sind. Aber auch die Lage des größten Teils der bäuerlichen Bevölkerung hat sich, wie gute Sachkenner (z. B. Conrad und Schäffle) festgestellt haben, beträchtlich gebessert. Die Landleute haben in dieser Zeit ihren Konsum von vielerlei Waren gesteigert; die Gebäude in den Dörfern sind in besserem Zustande; die Zahl der öffentlichen und privaten Lustbarkeiten auf dem Lande, bei denen viel Geld ausgegeben wird, hat so zugenommen, daß man zur Einschränkung derselben staatliche und kirchliche Maßregeln verlangt hat. Auch die Großgrundbesitzer haben sich inzwischen den neuen Verhältnissen angepaßt und zum Teil durch Einrichtung landwirtschaftlicher Nebenbetriebe (Brennereien, Zuckerfabriken) und durch Beteiligung an industriellen Unternehmungen Deckung für den Ausfall in den kritischen Zeiten gefunden.

Die Anzeichen, aus denen man eine größere Notlage der ländlichen Bevölkerung zu folgern versucht hat, sind bei genauerer Prüfung keineswegs besorgniserregend. Dies gilt sowohl von der hypothekarischen Verschuldungsstatistik, deren Angaben zu unvollkommen sind, als daß sich aus ihnen ein Notstand erweisen ließe, wie auch von der Statistik der ländlichen Konkurse. Die Zahl der Zwangsversteigerungen landwirtschaftlicher Anwesen war in den 80er Jahren ziemlich groß, hat sich aber seitdem erheblich vermindert und war in der neueren Zeit verhältnismäßig gering. Die Ursache der Zwangsversteigerungen war vielfach der Umstand, daß der unglückliche Besitzer der betreffenden Güter dieselben beim Kaufe überzahlt oder im Erbgange zu teuer übernommen und infolgedessen zu große Hypothekenlasten auf sie gehäuft hatte. In anderen Fällen beruhte der wirtschaftliche Mißerfolg auf der mangelnden Befähigung der Gutsbesitzer, der Höhe ihrer unwirtschaftlichen Ausgaben u. dgl. Der Besitzwechsel bei Versteigerungen hat häufig die günstige Folge, daß an Stelle einer irrationellen eine rationelle Bewirtschaftung tritt; das ist ein volkswirtschaftlicher Gewinn.

Freilich, welches die Gründe dieser trotz aller zeitweiligen Bedrängnis erfreulichen Entwickelung gewesen sind, ist ungemein schwer zu sagen. Die einen nehmen an, daß die Erhaltung und Kräftigung der landwirtschaftlichen Bevölkerung im wesentlichen durch die staatlichen Schutzmaßregeln, in erster Linie durch die Agrarzölle, also mit Hilfe der von der Masse der Lebensmittelkonsumenten gebrachten erheblichen Opfer, erreicht worden ist. Die anderen meinen, daß der große Aufschwung der deutschen Industrie und des deutschen Handels mittelbar auch der deutschen Landwirtschaft zugute gekommen ist, sie sozusagen durch die Steigerung der Kaufkraft ihrer wichtigsten Abnehmer mit hochgehoben hat. Wahrscheinlich hat beides — wenn auch zeitlich und örtlich recht verschieden — zusammengewirkt. Aus dem Emporblühen der deutschen Industrie haben wohl besonders die kleinen und mittleren Landwirte, in deren Betrieb die Viehzucht, die Molkerei und der Obst- und Gemüsebau eine größere Rolle spielen als der Körnerbau, namentlich die in den Industriebezirken und in der Nähe der Städte wohnenden, Nutzen gezogen, während die staatlichen Schutzmaßregeln, besonders die Getreidezölle, vor allem den landwirtschaftlichen Großbetrieben mit ausgedehntem Körnerbau, die im Nordosten Deutschlands vorherrschen, Vorteil gebracht haben.

Für denjenigen, welcher versucht, sich ein Urteil über die allgemeine Lage der landwirtschaftlichen Bevölkerung zu bilden, sind noch folgende Erwägungen von Wichtigkeit:

Es ist zu unterscheiden zwischen dem Ertrage landwirtschaftlicher Arbeit und dem Ertrage, der sich aus dem Besitz ländlicher Grundstücke ergibt, der sogenannten Grundrente. Die Grundrente war infolge des starken Wachstums der Bevölkerung, die vom gleichen Boden ernährt werden mußte, in der Zeit von 1815—1875 in Deutschland stark gestiegen; mit den Lebensmittelpreisen waren die Bodenpreise höher und höher geworden. Diese Bewegung ist, wie bereits erwähnt wurde, durch die Konkurrenz ausgedehnter fruchtbarer Gebiete in Auslande, die nach Verbesserung der Verkehrsmittel (Eisenbahnen, Dampfschiffe) auch den deut-

6*

schen Markt beschicken konnten, seit den 70er Jahren zum Stillstand gebracht worden. Um diese Beschneidung der Grundrente, der einen Hauptart des Besitzeinkommens, handelte es sich vor allem, wenn von der „Not der Landwirtschaft" die Rede war. Empfindlich traf aber dieser Rückgang nur den großen Grundbesitz, und auch diesen nur zum Teil. Denn der Preisdruck erstreckte sich bei weitem nicht auf alle landwirtschaftlichen Produkte, von denen viele sogar wesentlich teurer geworden sind; praktisch erheblich war er nur bei Getreide. Tatsächlich ging die sog. „agrarische Bewegung" hauptsächlich von den Produzenten aus, die Getreide in großen Mengen zu verkaufen hatten.

In den kleineren und kleinsten ländlichen Betrieben war die Herabdrückung der Grundrente kaum fühlbar. In ihnen spielt das Besitzeinkommen überhaupt nur eine geringe Rolle. Das Einkommen der kleineren Bauern ist in der Hauptsache Arbeitseinkommen; dieses ist aber in Deutschland, wie wir schon früher feststellten, in den letzten Jahrzehnten allgemein — wenn auch nicht überall gleichmäßig — gestiegen, auf dem Lande ebenso wie in den Städten, zum großen Teil infolge des Wachstums unserer Industrie und unseres Außenhandels, der die zu verteilenden Gütermengen wesentlich vermehrt hat. Wie groß die Zahl der kleineren und kleinsten ländlichen Betriebe ist, zeigen die Ziffern der Gewerbezählung. 1895 betrug die Zahl der landwirtschaftlichen Betriebe der Größenklasse unter 2 ha nicht weniger als 58,2 % der Gesamtzahl (3 236 367 von 5 558 317), der zweiten Klasse (2 ha—5 ha) 18,3 %, der dritten (5 ha—20 ha) 18 %. Die Zahl der größeren landwirtschaftlichen Betriebe, von 20 ha an gerechnet, betrug also nur 5,5 % der Gesamtzahl. Nach der Zählung vom Jahre 1907 hat sich die Zahl der kleineren landwirtschaftlichen Betriebe sogar noch vermehrt, die der größeren verringert. Die Gesamtzahl betrug 5 736 082. Davon fielen auf die kleinsten Betriebe (unter 2 ha) 3 378 509, auf die zweite Größenklasse 1 006 277 (früher 1 016 318), auf die dritte 1 065 539 (früher 998 804), auf die vierte (20 ha—100 ha) 262 191 (früher 281 767) und auf die fünfte (über 100 ha) 23 566 (früher 25 061).

In der großen Mehrzahl der landwirtschaftlichen Betriebe, in denen die Besitzer mit ihren Angehörigen selbst tätig waren, ist sicherlich die Steigerung des Arbeitseinkommens viel erheblicher gewesen als der etwaige Rückgang des Besitzeinkommens. Ein solcher Rückgang kommt übrigens für die neuere Zeit nicht mehr in Betracht; denn überall, beim Klein- wie beim Großbesitz, zeigt sich in den letzten Jahren von neuem eine entschiedene Tendenz zum Steigen der Güterpreise. Die früher vielfach erörterte Notwendigkeit, bei einer Entwertung der Güter ebenso „Abschreibungen" vorzunehmen, wie es der Industrielle bei einer Entwertung seiner Fabrikanlagen tun muß, besteht gegenwärtig nicht mehr.

Unter allen Umständen ist es eine der wichtigsten Aufgaben des Staates, die Entwickelung der landwirtschaftlichen Konkurrenzverhältnisse genau zu verfolgen und wirksame Maßregeln zur Förderung der heimischen Landwirtschaft zu treffen. Hierbei kommen vor allem in Betracht die Verbesserung der landwirtschaftlichen Technik, die Pflege des landwirtschaftlichen Unterrichtswesens, die Vervollkommnung des landwirtschaftlichen Kreditwesens, die Ausdehnung des Versicherungswesens, der Bau von Landstraßen, Eisenbahnen und Kanälen, die Industrialisierung des östlichen Deutschlands, die „innere Kolonisation", steuerpolitische Maßnahmen, Förderung des Genossenschaftswesens usw. Nicht alle Mittel sind gleich wirksam und überall anwendbar; eine Anpassung an die einzelnen, örtlich und zeitlich verschiedenen Verhältnisse ist notwendig. Das Hauptmittel, dessen man sich bisher bedient hat, war der Z o l l s c h u t z. Seine Anwendung ist für die wirtschaftliche Entwickelung Deutschlands von großer Bedeutung geworden, nicht nur auf landwirtschaftlichem, sondern auch auf industriellem Gebiete; denn mit dem agrarischen verband sich der industrielle Zollschutz.

Die Wirkungen dieser deutschen Zölle können hier nicht im einzelnen verfolgt werden; sie sind ungemein schwer festzustellen, da der Gang der wirtschaftlichen Entwickelung von sehr zahlreichen verschiedenen Faktoren abhängig ist, unter denen die Zölle nur eine beschränkte, allerdings sehr wichtige Rolle spielen. Es muß jedoch hervorgehoben werden, daß gegen die Unterstützung der landwirtschaftlichen Produzenten durch Agrarzölle, welche die große Masse der Konsumenten, namentlich der ärmeren, stark belasten, schwere grundsätzliche Bedenken geltend zu machen sind. Agrarzölle sind, wie Zölle überhaupt, im allgemeinen ungeeignete Unterstützungsmittel, weil sie allen Produzenten ohne Unterschied, bedürftigen und nichtbedürftigen, würdigen und unwürdigen, die gleichen Vorteile bieten und daher sehr ungerecht wirken. Gegen die Getreidezölle erheben sich aber noch besondere Bedenken.

Wie bereits gezeigt, steigt infolge der Preiserhöhung, die durch die Zölle hervorgerufen werden soll, die Bodenrente. Bei einem Verkaufe der Güter oder bei einer Erbteilung würde man diese Steigerung des Ertrages natürlich in Rechnung stellen. Durch die Kapitalisierung der höheren Rente ergibt sich ein höherer Gutswert. Diesen erhöhten Wert würde der neue Bewirtschafter des Gutes zu verzinsen haben; d. h. er würde mit erhöhten Produktionskosten rechnen müssen. Seine Konkurrenzfähigkeit gegenüber den ausländischen Produzenten würde dann wieder so gering sein wie die seines Vorgängers vor der Zollerhöhung. Diese würde also nur dem augenblicklichen Besitzer oder dem augenblicklichen Pächter bis zum Ablauf der Pacht einen Vorteil gewähren. Sie würde den Charakter einer Kapitalschenkung haben; aber sie würde die Konkurrenzfähigkeit der landwirtschaftlichen Betriebe nicht dauernd steigern.

Ferner ist zu berücksichtigen, daß die Getreidezölle vielen Landwirten überhaupt keinen Vorteil, sondern nur Nachteil bringen. Die Zahl der Landwirte, welche nicht nur kein Getreide verkaufen können, sondern solches (bzw. Mehl, Brot) noch hinzukaufen müssen, ist sehr groß, namentlich in den hauptsächlich Viehzucht treibenden Gegenden, in denen der Kleinbetrieb vorherrscht. Diese haben also ein Interesse an niedrigen Getreidepreisen. Aus einem gewissen Solidaritätsgefühl treten ja auch viele kleinere Landwirte für Erhöhung der Getreidepreise ein, auch wenn ihnen dieselben keinen direkten Gewinn gewähren. Sie bedenken dabei nicht genügend, daß die Schwächung der Kaufkraft der Getreide- oder Brotkonsumenten für sie die nachteiligsten Wirkungen hat; sie müssen es aber merken, wenn sie ihre Waren, Fleisch, Butter, Eier, Milch, Honig, Gemüse, Obst, Wein usw. auf die städtischen Märkte bringen. Das Geld, welches die Arbeiterfrauen auf dem Markte ausgeben können, wird erstens knapper sein, weil die Industrie durch die Verteuerung der Lebensmittel und die damit verbundenen sozialen und handelspolitischen Kämpfe gelähmt wird, zweitens weil man an den Bäcker bzw. den Getreideproduzenten mehr abgeben mußte. Die Nachfrage nach allen besseren und teureren Produkten der Landwirtschaft muß nachlassen, sobald das Brot teurer wird. Die Erschwerung der Zufuhr solcher Produkte aus dem Auslande kann die Preise derselben wohl momentan wieder hochtreiben; aber es kann keine staatliche oder sonstige Maßregel die jetzigen regelmäßigen Konsumenten jener Produkte zwingen, die teuren Sachen zu kaufen; sie werden zum großen Teil unverkäuflich bleiben oder erst im Preise stark sinken müssen.

Trotz aller dieser schwerwiegenden Bedenken, die von Anfang an gegen die Agrarzölle geltend gemacht wurden, haben die maßgebenden Kreise im Deutschen Reiche sich für ihre Einführung und spätere Erhöhung entschieden, da der Zollschutz das einzige wirksame Mittel zur Zurückdämmung der verderblichen überseeischen Konkurrenz zu sein schien. Nachdem die Agrarzölle dann eine Reihe von Jahren in Kraft gewesen waren, sprach für ihre Beibehaltung die weitere Erwägung, daß sich inzwischen außerordentlich viele Landwirte den durch die Zölle geschaffenen wirtschaftlichen Verhältnissen angepaßt hatten und bei einer Aufhebung der Zollschranken erhebliche Verluste erleiden würden. Immer von neuem aber erhob sich der Ansturm der großen durch die Agrarzölle benachteiligten Konsumentenmassen gegen dieselben.

Der Zollschutz führt also zu einem sehr verwickelten und meistens höchst unerfreulichen Interessenkampf, bei dem auch die Finanzpolitik eine bedeutende Rolle spielt; denn die Verzollung ist ja vielfach die Form der „indirekten" Besteuerung. Aufgabe der praktischen Politik ist es dann, von Fall zu Fall einen billigen Ausgleich der entgegengesetzten Interessen zu suchen, die wirtschaftliche Leistungsfähigkeit und Bedürftigkeit der einzelnen Volksschichten, der Klein- und Großbauern, ländlichen und städtischen Arbeiter, Beamten, Handwerker, Kaufleute, Industriellen, Großgrundbesitzer usw. gegeneinander abzuwägen, hier Erleichterungen zu gewähren, dort Lasten aufzuerlegen, vielleicht auch nach „Kompensationen" für unbeabsichtigte Benachteiligungen zu suchen, usf. Auf diesem Gebiete ist alles im Fluß; jeder Tag kann neue Interessenverkettungen und Interessengegensätze bringen und damit dem praktischen Politiker neue Aufgaben stellen. Auf diese beständig wechselnden Tagesprobleme einzugehen, ist hier nicht der Platz.

Wie man auch über die Agrar- und Handelspolitik der letzten Jahrzehnte denken mag, jedenfalls wird man bei sachlicher Prüfung der Verhältnisse zu dem Ergebnis kommen, daß jene Befürchtung, die deutsche Landwirtschaft stände vor dem Ruin, unbegründet ist. Die Gefahr, daß die sozialen und politischen Grundlagen des Deutschen Reiches infolge der Verflechtung in die Weltwirtschaft und des angeblich dadurch bedingten Niederganges der ländlichen Bevölkerung erschüttert werden, besteht nicht.

Der Bauernstand wird dem deutschen Heere nach wie vor reichlich Rekruten liefern. Zu den ländlichen kommen allerdings in immer wachsender Zahl infolge der starken Ausdehnung der Industrie die städtischen Rekruten. Über die Qualität der städtischen oder industriellen Rekruten sind die Meinungen der militärischen Autoritäten geteilt. Die genaueren Untersuchungen über die Wehrfähigkeit der ländlichen und der städtischen Bevölkerung, über ihre Körperkraft, Intelligenz und Zuverlässigkeit, haben bisher noch zu keinen ganz einwandfreien Ergebnissen geführt. Sicher ist aber nachgewiesen, daß die militärische Brauchbarkeit der ländlichen Bevölkerung keineswegs sehr viel größer ist als die der städtischen, wie man früher meistens annahm; es kann sich nur um verhältnismäßig kleine Unterschiede handeln, die mit der Verbesserung der sanitären Einrichtungen in den Städten immer geringer werden.

Nicht zu vergessen ist schließlich das Moment der Quantität, die Steigerung der Zahl der Soldaten. In einem an den Weltmarkt angeschlossenen Staate, in dem eine mächtige Industrie für Ausfuhrwaren sorgt, kann die Bevölkerung in ganz anderem Maße wachsen als in einem vom Weltmarkte abgesperrten Agrarstaate. Der Bezug von Gütern aller Art, deren man zum Lebensunterhalt bedarf, aus dem Auslande gestattet die starke Volksvermehrung, deren wir uns in Deutschland erfreuen. Damit steigt auch die Zahl der wehrfähigen jungen Männer.

Außerdem lassen sich in einem durch Industrie und Außenhandel bereicherten Lande auch die finanziellen Mittel zur Bewaffnung und Erhaltung der Soldaten, sowie zur Kriegsführung leichter und reichlicher aufbringen als in einem Lande, das ganz auf seine eigenen Produktivkräfte angewiesen ist. Das gilt namentlich auch von der Beschaffung einer starken Kriegsflotte.

Weit entfernt also davon, daß die Beteiligung Deutschlands am Weltverkehr und das dadurch bedingte Wachsen der Industrie in Deutschland die Wehrkraft und damit die politische Macht unseres Vaterlandes vermindert, so ist vielmehr das Gegenteil wahr; die Zunahme der deutschen Industrie macht Deutschland nicht nur wohlhabender, sondern auch waffengewaltiger und politisch mächtiger.

Was endlich die Möglichkeit einer Aushungerung Deutschlands im Kriegsfalle betrifft, so gehört diese Gefahr zu den oben besprochenen Gefahren, in die eine Blockade das Deutsche Reich versetzen könnte. Sie ist aber eine der geringeren Gefahren. Gerade mit agrarischen Produkten kann Deutschland wegen seiner geographischen Lage von sehr verschiedenen Seiten versorgt werden. Es wird also schwer sein, die Zufuhr ganz abzusperren. Auf eine Teuerung würde man sich allerdings gefaßt machen müssen; das ist im Kriegszustande unvermeidlich. Die beste Sicherung gegen diese, wie die anderen schlimmeren Folgen einer Blockade ist die Bereithaltung einer starken Flotte. Die Steigerung der einheimischen Getreideproduktion durch künstliches Hochhalten der Getreidepreise würde die Konsumenten dauernd schwer belasten und doch im Falle einer wirklichen „Einkreisung" Deutschlands nicht die erhoffte Sicherung bringen. „Sollte künftig einmal, wie einst Preußen im siebenjährigen Krieg, Deutschland von „Feinden ringsum" bedroht sein, — dann muß uns Gott entweder einen zweiten Friedrich den Großen senden, der sie in Bälde niederwirft; oder die fremden Heere fluten siegreich über die deutschen Gaue. In letzterem Falle aber nutzt uns die kornwirtschaftliche Autarkie blutwenig — denn dann sperren die Feinde die Korntransporte, vernichten die Vorräte oder füttern sich und ihre Pferde mit dem Korn, dessen Besitz uns „unabhängig vom Auslande" machen sollte." (Dietzel.)

„Kriegerische Verwickelungen schädigen das wirtschaftliche Leben der Kulturstaaten in jedem Falle, auch wenn diese unter Verzicht auf allen

Handelsverkehr mit fremden Ländern reine „Eigenwirtschaft" treiben würden. Die besonderen Gefahren, welche sich aus der Verflechtung der heimischen Volkswirtschaft in den Weltverkehr ergeben, sind nicht so groß, daß daraus die Notwendigkeit abgeleitet werden könnte, auf die Erhaltung und Vermehrung der unermeßlichen Vorteile, welche die internationale Arbeitsteilung bietet, zu verzichten. Wenn das deutsche Volk mit Rücksicht auf Kriegsgefahren eine Versicherung eingehen will, so ist es besser, die Risikoprämie in Gestalt von erhöhten Ausgaben für die Kriegsflotte als in der Form erhöhter Preise der wichtigsten Lebensmittel und Rohstoffe zu zahlen; ersteres wäre bedeutend billiger als letzteres." (Denkschrift der Ältesten der Berliner Kaufmannschaft über die Neugestaltung der deutschen Handelspolitik, 1900).

Diese militärischen Probleme können natürlich nicht ein für allemal gelöst werden. Eine genaue Verfolgung aller neu entstehenden Schwierigkeiten und das Ergreifen passender Gegenmaßregeln ist notwendig. Zweifellos ist England hinsichtlich der Versorgung mit Lebensmitteln gegenwärtig in einer viel unsichereren und gefährlicheren Lage als das Deutsche Reich. Sollte Deutschland jemals in eine ähnlich schwierige Lage geraten wie jetzt England, so werden ganz andere Sicherungsmaßregeln ergriffen werden müssen, als sie heute notwendig sind.

Neben den politischen Gefahren werden nicht selten auch *ethische* als Folgen der Industrialisierung genannt. Man klagt über das Abhandenkommen alter guter Sitten und Gebräuche, den Verlust vieler Gefühlswerte, die auf der innigeren täglichen Berührung mit der Natur beruhen, die „Verrohung" der Bevölkerung in den Industriebezirken, die Versuchungen der immer zahlreicher werdenden Großstädte, die Hast und Unruhe des ganzen „modernen" Treibens, die den Menschen daran hindere, zu innerer Sammlung zu gelangen. Es handelt sich hierbei um außerordentlich schwierige und verwickelte Probleme, und es ist unmöglich, sie an dieser Stelle ausführlicher zu erörtern. In jenen Klagen steckt zweifellos viel Berechtigtes. Sind aber die Wurzeln jener sittlichen Schäden wirklich rein wirtschaftlicher Art? Liegen sie nicht oft viel tiefer, und sind sie nicht häufig ganz anderer Natur? „Die Welt der Sittlichkeit", schrieb einst H. v. Treitschke, „wird von der Verteilung der wirtschaftlichen Güter nur ganz an der Oberfläche berührt; das wahre Glück des Lebens — der Friede des Gewissens, die Kraft der Liebe und des Glaubens — ist jedem Menschen erreichbar". Was hier über die Verteilung der wirtschaftlichen Güter gesagt ist, das gilt in noch höherem Maße von ihrer Herstellung. Der sittliche Wert des Menschen hängt nicht davon ab, ob er in der Landwirtschaft oder in der Industrie tätig ist. Es ist nicht die tägliche Berufsarbeit, welche die Seele des Menschen unrein macht; vielmehr kommen, wie das alte Bibelwort sagt, die bösen Gedanken „aus dem Herzen". Wer wagt es, aus jener Behauptung von der verderblichen sittlichen Wirkung der Industrialisierung die Folgerung zu ziehen, daß die industrielle Bevölkerung sittlich tiefer stehe und stehen müsse, als die landwirtschaftliche, die städtische tiefer als die ländliche? Gewiß sind die äußeren Verhältnisse nicht ohne Einfluß auf die Sittlichkeit. Das Durcheinanderschütteln der Menschen, wie es in den Industriebezirken stattfindet, vernichtet manche gute Tradition und entzieht dem einzelnen oft den gewohnten sittlichen Halt; in den großen städtischen Menschenansammlungen untersteht der einzelne nicht so, wie für ihn heilsam wäre, der Kontrolle seiner Angehörigen und Vorgesetzten und unterliegt besonderen Versuchungen. Andererseits bieten aber Industrie und Stadt häufig ganz neue größere und höhere Entwickelungsmöglichkeiten. In der „freieren" städtischen Luft entfaltet sich manches Tüchtige, Edle und Schöne, das sonst in Gebundenheit und Kleinlichkeit erstickt wäre. Die reichlicheren wirtschaftlichen Mittel, die in den Städten zusammenfließen, tragen auch wesentlich dazu bei, Kunst und Wissenschaft zu fördern und dadurch neue kulturelle Werte zu schaffen. Wer auf Grund deutscher Erfahrungen Radikalismus, Irreligiosität und Unkirchlichkeit für Folgen der Industrialisierung hält, der blicke auf das noch stärker industrialisierte England, wo die Massen der Arbeiter und Angestellten zum großen Teil konservativ, aufrichtig religiös und kirchlich sind. Es kann hier nur kurz angedeutet werden, wie unendlich schwer es ist, auf diesem Gebiete Ursache und Wirkung klarzulegen. Wer gerecht sein will, wird es sich noch sehr reiflich überlegen, ehe er sich dazu entschließt, die moderne industrielle Entwickelung wegen der sittlichen Gefahren, die sie in sich birgt, zu verurteilen.

V. Weltwirtschaftliche und weltpolitische Aufgaben Deutschlands.

Dem deutschen Volke erwachsen aus seiner Stellung in der Weltwirtschaft zahlreiche wichtige und schwierige Aufgaben, wirtschafts-, macht- und kulturpolitische.

Infolge der gewaltigen Zunahme der auswärtigen Interessen Deutschlands hat seine äußere Wirtschaftspolitik eine beständig wachsende Bedeutung gewonnen. Ihre Aufgaben bedürfen der sorgfältigsten Prüfung.

Die äußere Wirtschaftspolitik ist Sache des Staates, in Deutschland Sache des Reiches. Ihre Organe sind also die gesetzgebenden Körperschaften, der Bundesrat unter dem Vorsitz des Kaisers und der Reichstag, sowie ein Teil der Verwaltungsbehörden, namentlich das Auswärtige Amt, das Kolonialamt, das Schatzamt, das Reichsamt des Innern, das Reichsmarineamt, das Reichspostamt. Die Vertretung der auswärtigen wirtschaftlichen Interessen Deutschlands im Auslande selbst ist den Gesandtschaften, Botschaften, Residenturen und Konsulaten übertragen.

Die großen Vorteile, die sich aus der Teilnahme am internationalen Verkehr ergeben, müssen Deutschland veranlassen, seine internationale Stellung zu festigen und auszubauen. Daher sollte das deutsche Volk alles tun, um den Völkerverkehr so rege, so leicht und so sicher wie möglich zu gestalten. Es sollte an der Beseitigung aller Verkehrshindernisse rückhaltlos mitarbeiten. Wenn es dies in manchen Fällen nicht tut, so müssen es zwingende Gründe sein, die diese Ausnahmen rechtfertigen.

Die bisherige deutsche Handelspolitik erschien nicht selten widerspruchsvoll. Deutschland suchte zwar seinen Angehörigen im Auslande alle Hindernisse einer freien wirtschaftlichen Betätigung aus dem Wege zu räumen; aber an seinen eigenen Grenzen bereitete es dem Verkehr erhebliche Hemmnisse, die in der letzten Zeit sogar noch verstärkt worden sind. Seine Einfuhrpolitik stand mit seiner Ausfuhrpolitik nicht im Einklang. Demselben Widerspruch begegnete man übrigens in fast allen anderen Staaten der Erde.

Als die erste und wichtigste Aufgabe der äußeren Wirtschaftspolitik gilt die Gewinnung und Erhaltung von auswärtigen Absatzgebieten oder die Förderung der Ausfuhr heimischer Erzeugnisse. Die Bedeutung dieser Aufgabe ist in Deutschland allgemein anerkannt.

Das beste Mittel zur Erhaltung und Erweiterung der Absatzgebiete ist, natürlich abgesehen von der Rührigkeit der Kaufleute, der Handelsvertrag. Das Deutsche Reich hat mit fast allen Staaten der Erde Handelsverträge abgeschlossen. Die Handelsverträge sind entweder Tarifverträge, d. h. Verträge, durch die sich die Staaten verpflichten, gewisse Sätze ihres Zolltarifs für eine bestimmte Zeit zu ermäßigen oder wenigstens nicht zu erhöhen (sie zu „binden"), oder Meistbegünstigungsverträge, d. h. Verträge, durch die sich zwei Staaten verpflichten, sich gegenseitig alle zollpolitischen Begünstigungen zu gewähren, die sie etwa einem dritten Staate zugestehen würden. Die Tarifverträge enthalten meistens auch die Verabredung der gegenseitigen Meistbegünstigung. Im Meistbegünstigungsverhältnis stand das Deutsche Reich im Jahre 1912 mit sämtlichen Staaten Europas und mit den wichtigsten außereuropäischen Ländern; ausgenommen sind nur Brasilien, Peru, Kuba, Kanada und China. Tarifverträge hatte Deutschland in den Jahren 1891 bis 1894 mit Österreich-Ungarn, Italien, der Schweiz, Belgien, Rumänien, Serbien und Rußland abgeschlossen. Diese sind am 28. Februar 1906 außer Kraft getreten, jedoch sämtlich durch neue Verträge ersetzt worden; ferner hat Deutschland neue Tarifverträge mit Schweden, Bulgarien, Griechenland, Portugal und Haiti abgeschlossen. Der Anteil der Tarifvertragsstaaten, der Meistbegünstigungsstaaten und der Staaten ohne Handelsverträge am Außenhandel Deutschlands ist aus der im Anhange mitgeteilten Tabelle ersichtlich.

Die Handelsverträge betreffen häufig nicht nur die Zölle; sie enthalten nicht selten Abmachungen über andere für die wirtschaftliche Tätigkeit im Auslande wichtige Dinge, so z. B. über die Zulassung und Besteuerung von Handlungsreisenden, über das Recht der Niederlassung und des Grunderwerbs, über Ein- und Auswanderung, über die Gerichtsbarkeit, über den Schutz von Patenten und Mustern, über sanitäre Maßregeln, über die konsularische Vertretung.

Mit den Handelsverträgen sind vielfach Schiffahrtsverträge, manchmal auch Eisenbahnverträge verbunden, zur Regelung bestimmter Verkehrsfragen, z. B. der Zulassung zur Küstenschiffahrt (Cabotage), der Hafenabgaben u. dgl. Auch die Abmachungen über das Seerecht, namentlich das Seekriegsrecht (Kontrebande, Prisen) sind hier zu erwähnen. Von großer Bedeutung sind ferner die internationalen Post- und Telegraphenkonventionen, um deren Abschluß das Deutsche Reich sich erfolgreich bemüht hat. Eine der wichtigsten Einzelaufgaben Deutschlands auf dem Gebiete der Verkehrspolitik besteht in der Mitwirkung bei der Herstellung eines unterseeischen Kabelnetzes und bei der Ausgestaltung der Funkentelegraphie. Die Bemühungen Deutschlands, im Verein mit Frankreich, Rußland und Nordamerika, das große englische Kabelnetz aus machtpolitischen Gründen durch ein nichtenglisches zu ergänzen, wurden bereits (S. 23) erwähnt.

Beim Abschluß von Handels-, Schiffahrts- und ähnlichen Verträgen spielt die allgemeine Politik oft eine große Rolle. Politische Freundschaft erleichtert die Anknüpfung wirtschaftlicher Beziehungen; das beweist z. B. das Verhältnis des Deutschen Reiches zu Österreich-Ungarn und zu Italien. Die machtpolitische Zusammengehörigkeit führt zuweilen Gemeinwesen, die sich wirtschaftspolitisch getrennt haben, wie England und seine „autonomen" Kolonien, zu gegenseitiger zollpolitischer Vorzugsbehandlung. Für den wirtschaftlichen Verkehr Deutschlands mit Kanada, Südafrika und Neuseeland ist es nachteilig, daß deutsche Waren dort mit höheren Zöllen belegt werden als englische. Für Deutschland ungünstig sind auch die zollpolitische Bevorzugung, die Frankreich seinen

Kolonien gewährt, und die Regelung des Verkehrs der Vereinigten Staaten von Amerika mit den Philippinen und mit Kuba. Ebenso kann das Bestreben der Nordamerikaner, sich in Zentral- und Südamerika eine wirtschaftspolitische Vorzugsstellung zu erringen, für den Außenhandel Deutschlands gefährlich werden. Das Deutsche Reich hat es daher mit Recht als seine Aufgabe betrachtet, seinen Angehörigen möglichst in allen Ländern wirtschaftliche Gleichberechtigung zu verschaffen oder zu erhalten.

Dieses Ziel wird in der Regel durch die bereits erwähnten sogenannten „Meistbegünstigungsverträge" erreicht. Gegenüber gewissen Ländern bezeichnet man die Politik der wirtschaftlichen Gleichstellung neuerdings als die der „offenen Tür".

Die Politik der „offenen Tür" steht im Gegensatz zur Politik der „Einflußsphären". Es handelte sich hierbei um Länder, die sich in einer gewissen Abhängigkeit von den Großmächten befanden und nicht stark genug waren, fremden Waren nach eigenem Ermessen ihre „Tür" entweder zu öffnen oder zu verschließen, wie China, Korea, Marokko. Meistens versuchten in solchen Fällen die nächstbeteiligten Staaten, sich gewisse „Einflußsphären" zu sichern, d. h. Gebiete, deren wirtschaftliche Erschließung und Ausnutzung sie ihren eigenen Angehörigen vorbehalten wollten, so in China, wo die Russen die Hand auf den Norden, die Franzosen auf den Süden und die Engländer auf die Mitte, das Yangtsebecken, legen wollten. Das Eingreifen anderer Großmächte, in China das Deutschlands, der nordamerikanischen Union und Japans, führte dann bisweilen zur Verkündigung des Grundsatzes der „offenen Tür" im ganzen Lande unter Beseitigung der Sonderansprüche. Entscheidend sind dabei die politischen Machtverhältnisse. Besteht unter den Großmächten ein „Gleichgewicht", so scheint es angemessen, allen die „Tür" zu den schwachen, meist schlecht regierten und wirtschaftlich zurückgebliebenen Staaten offenzuhalten. Eine Erschütterung des „Gleichgewichts" aber hat häufig das zeitweilige Ausscheiden einiger Konkurrenten zur Folge; und die übrigen trachten dann sofort nach Sondervorteilen. Es ist nicht möglich, grundsätzlich zu entscheiden, welche Politik die richtige ist, insbesondere für Deutschland. Die Deutschen, die in ihrem eigenen Kolonialreiche nicht genug Gelegenheit zu allseitiger, gewinnbringender Betätigung haben, in den fremden Kolonien aber auf mancherlei Hemmungen stoßen, müssen im allgemeinen danach streben, sich alle noch freien Gebiete für ihre Unternehmungslust offenzuhalten, sich also der Gewährung von Privilegien an Engländer, Franzosen, Russen usw. widersetzen, dürfen aber auch dafür, da die „Politik der offenen Tür" auf Gegenseitigkeit beruht, keine

Vorrechte für sich beanspruchen. In gewissen Fällen kann es jedoch auch angemessen sein, die wirtschaftlichen Kräfte Deutschlands auf bestimmte Punkte zu konzentrieren, um dadurch in den betreffenden Gebieten größeren Einfluß zu erlangen und, gestützt auf die so geschaffenen Interessen, bei etwaigen Neuverteilungen von Territorien erfolgreiche Sonderansprüche erheben zu können. Den Völkern, welche in der Weltpolitik vor Deutschland einen zeitlichen Vorsprung haben, namentlich dem englischen, ist diese Art, Expansionspolitik zu treiben, sehr geläufig. Das deutsche Volk muß sich erst an sie gewöhnen. Es wird in Zukunft auf diesem Gebiete noch viele außerordentlich schwierige Entscheidungen zu treffen haben. In der Weltpolitik ist ja noch alles in beständigem Fluß. Immer neue Probleme tauchen auf; immer neue Verschiebungen treten ein.

Außer der Gleichberechtigung im eigentlichen Handelsverkehr (Ein- und Ausfuhr) mit den neu zu erschließenden Ländern ist die Gleichberechtigung bei industriellen und Verkehrsunternehmungen in Gebieten wie China, Marokko usw. von großer Bedeutung. Nach dem bisherigen Sprachgebrauch ist es zweifelhaft, ob sich der Grundsatz der „offenen Tür" auch auf solche Unternehmungen erstreckt. Zur Inangriffnahme der Unternehmungen, also z. B. zur Anlegung von Bergwerken, zum Bau von Eisenbahnen und Häfen, zur Einrichtung von Schiffahrtslinien, bedarf es meistens einer besonderen Erlaubnis von seiten der Regierung des fremden Gebietes, einer „Konzession". Die Erlangung von geeigneten „Konzessionen" für ihre Angehörigen in China, im türkischen Reiche, in Marokko, in Südamerika usw. betrachten die Großmächte als eine ihrer wichtigsten Aufgaben. Beständig findet in Peking, Konstantinopel, Fez usw. ein Wettbewerb der Vertreter der verschiedenen Mächte um Bergwerks-, Eisenbahn-, Schiffahrts- und sonstige Konzessionen statt. Die beteiligten unternehmungslustigen Kreise, Vertreter bestimmter Industrien und Finanzgruppen, treten deswegen häufig in Fühlung mit den auswärtigen Ämtern und den Gesandtschaften ihrer Staaten und empfangen von ihnen Rat und Beistand. So ist es auch deutschen Unternehmern mit Hilfe der Vertreter der Reichsregierung gelungen, in zukunftsreichen Gebieten des Auslandes, namentlich in Vorderasien, in China und in Südamerika, wertvolle Konzessionen zu erhalten. In der letzten Zeit war das Deutsche Reich bemüht, in dieser Hinsicht auch in Marokko und Abessinien die Interessen seiner Angehörigen zu fördern.

Allen diesen Bestrebungen zur Förderung der Ausfuhr deutscher Waren und zur Wahrung der deutschen wirtschaftlichen Interessen im Auslande sollten Maßregeln zur Förderung der Einfuhr fremder

Waren parallel gehen. Die ganze Beteiligung am Weltverkehr hat ja schließlich nur den einen Zweck, einen möglichst großen Teil der Erzeugnisse fremder Länder dem deutschen Volke zur Konsumtion zuzuführen. Die Einfuhr ist der Zweck der Ausfuhr. Je größer die Ausfuhr, desto größer auch die Einfuhr, und umgekehrt. Leider sind diese einfachen, grundlegenden Sätze weit davon entfernt, sich in allen Ländern allgemeiner Anerkennung zu erfreuen. Auch in Deutschland fehlt es daran. Die gegenwärtig im Bundesrat und Reichstag maßgebenden Wirtschaftspolitiker betrachten es nicht etwa als ihre Aufgabe, die Einfuhr fremder Waren ebenso zu fördern wie die Ausfuhr deutscher Waren; im Gegenteil, sie halten es in vielen Fällen für richtig, die Einfuhr ausländischer Produkte zu erschweren. Diese Politik erklärt sich wohl im letzten Grunde daraus, daß die maßgebenden Persönlichkeiten in die wirtschaftliche Leistungsfähigkeit des deutschen Volkes noch kein rechtes Vertrauen setzen und es nicht nur in Ausnahmefällen (wie gegenüber der bereits besprochenen plötzlichen gefahrdrohenden agrarischen Konkurrenz), sondern allgemein vor dem Ansturm einer vermeintlich überlegenen ausländischen Konkurrenz schützen zu müssen glauben. Diese Auffassung ist natürlich vielen inländischen Produzenten sehr willkommen und wird von ihnen zur Wahrung ihrer besonderen Interessen ausgenutzt. Eine derartige nationale Kleinmütigkeit findet sich auch in den meisten andern Ländern, und die volle Ausnutzung der Vorteile der internationalen Arbeitsteilung wird dadurch sehr erschwert. Nur ein großer Staat, England, ist selbstbewußter, großzügiger und folgerichtiger gewesen. England hat nicht nur im Auslande, sondern auch an seinen eigenen Grenzen, von wenigen Finanzzöllen abgesehen, die Verkehrshemmnisse aus dem Wege zu räumen versucht und, soweit es in seiner Macht stand, also vor allem im eigenen Lande, den freien Warenverkehr eingeführt. Ist Deutschland noch nicht so weit, daß es dem Beispiel Englands folgen könnte?

Es ist hier nicht der Platz zu einer eingehenden Erörterung der Grundsätze der Handelspolitik. Die großen wirtschafts- und sozialpolitischen Vorteile der internationalen Arbeitsteilung werden in der Theorie von fast allen hervorragenden Fachleuten anerkannt; nur die praktische Durchführbarkeit der Grundsätze des freien Verkehrs unter den gegenwärtigen realen Verhältnissen in Deutschland wird von manchen bestritten; oder es wird wenigstens von den Gegnern des Freihandels auf gewisse Nachteile und Gefahren hingewiesen, die mit seiner Einführung in Deutschland verbunden sein würden. Es ist gerade in den letzten Jahren unendlich viel über diese Fragen geschrieben worden, ohne daß bisher eine Übereinstimmung herzustellen war. Hier mögen nur einige Punkte, die praktisch wichtigsten, kurz besprochen werden, die bei der Erörterung von Zollfragen unter den heutigen Verhältnissen in Deutschland beachtet werden müssen.

Die heutige Wirtschaftsordnung beruht in allen Kulturstaaten auf dem Grundsatz der Freiheit und Selbstverantwortlichkeit. Jeder soll frei bestimmen, wie er seine Arbeitskraft und sein Kapital verwerten will. Vom freien Wettbewerb erwartet man die größte Anspannung aller Kräfte und damit die höchste Ergiebigkeit der Produktion. Die Gesamtheit, d. h. der Staat, die Gemeinde, die berufliche Korporation usw. hat also darauf verzichtet, dem einzelnen vorzuschreiben, was, wann, wie und wo er produzieren soll. Allerdings finden sich mancherlei Abweichungen von dieser Regel, z. B. in der Gewerbeordnung zum Schutze der Interessen der Arbeiter und der Handwerker, in den Bestimmungen über die Kontrolle der Warenqualität, in dem Patent- und Firmenrecht, in dem Gesetz über den unlauteren Wettbewerb. Auch der Schutzzoll stellt einen Versuch zur staatlichen Regelung der Produktion dar. Der Staat schreibt zwar nicht unmittelbar vor, welche Waren im Inlande produziert werden sollen; er beeinflußt aber die Produktion mittelbar, indem er den einen inländischen Erwerbszweig durch Fernhaltung der ausländischen Konkurrenz fördert, den anderen, etwa durch Verteuerung der Roh- und Hilfsstoffe, verkümmern läßt. So wird er, hier fördernd, dort hemmend, zum Vormund der Volkswirtschaft, zum wirtschaftlichen „Erzieher" des Volkes.

Von diesem Gesichtspunkte aus hat man auch mit Recht den Ausdruck „Erziehungszoll" geprägt. Die heimischen Produzenten sollen dazu angehalten werden, gewisse, namentlich industrielle, bisher fehlende Erwerbszweige ins Leben zu rufen oder schwache zur kräftigen Entwickelung zu bringen. Zu dem Zwecke hält der Staat eine Zeit lang durch seine Zölle die ausländische Konkurrenz fern. Hinter den schützenden Zollmauern sollen die jungen, zuerst noch schwachen industriellen Pflänzlein gepflegt werden und allmählich erstarken, um später den rauhen Stürmen der internationalen Konkurrenz Trotz bieten zu können. Dieser Grundgedanke ist durchaus berechtigt. Ihm vor allem ist es zu verdanken, daß die schutzzöllnerische Bewegung in aufstrebenden Staaten so viele Anhänger gefunden hat. Es kann auch kein Zweifel daran bestehen, daß die Schutzzölle vielfach das Aufkommen neuer wichtiger Erwerbszweige ermöglicht und gefördert haben. In Deutschland ist besonders Fr. List in eindringlichster Weise für „Erziehungszölle" eingetreten. Allerdings geschah dies vor mehr als zwei Menschenaltern. Es fragt sich, ob das deutsche Volk in dieser Hinsicht auch jetzt noch erziehungsbedürftig, und ob der heutige Staat zum wirtschaftlichen Erzieheramte besonders befähigt ist.

Wenn der Staat durch ein Machtwort, wie die Festsetzung eines Zolles auf gewisse fremde Waren, einen neuen Erwerbszweig, etwa die Feingarnspinnerei, ins Leben ruft oder einem schon vorhandenen zur größeren Entwickelung verhilft, so sehen viele in dem Zuwachs eine positive Bereicherung unserer Volkswirtschaft, wie man sagt, ein „reines Plus". In Wahrheit findet aber nur eine Verschiebung innerhalb der Volkswirtschaft statt. Dem Plus steht ein Minus gegenüber. Denn die nationalen Produktivkräfte, Kapital und Arbeit, welche sich infolge der zollpolitischen Begünstigung der Feingarnspinnerei zuwenden, werden dadurch jeder anderen produktiven Verwertung, die sie sonst gefunden haben würden, etwa in der Glasindustrie, im Bergbau, in der Weberei, in der chemischen Industrie, in der Landwirtschaft, entzogen. Diese letzteren Zweige leiden dann unter dem mangelnden Zufluß von Kapitalien und Arbeitskräften. Es fragt sich unter solchen Umständen, ob die eine oder die andere Verwendung der nationalen Produktivkräfte zweckmäßiger ist, die von den Unternehmern bei freier Konkurrenz als gewinnbringendste gewählte oder die vom Staat empfohlene, bzw. mehr oder weniger aufgezwungene. Die Frage ist nur von Fall zu Fall zu entscheiden. Es kommt darauf an, ob die privaten Unternehmer oder die staatlichen Organe die größere wirtschaftliche Einsicht, Anpassungsfähigkeit und Initiative besitzen. Es kann sein, daß staatliche Organe, z. B. hervorragend begabte, im Auslande gebildete und begüterte Fürsten, die Staatsuntertanen so sehr an wirtschaftlichen Fähigkeiten übertreffen, daß die staatliche Bevormundung dem Volke zum Segen gereichen kann. Das gilt z. B. vom Großen Kurfürsten und von Friedrich dem Großen, die mit Erfolg bemüht waren, ihre durch Krieg, Seuchen usw. verarmten und entmutigten Untertanen zu wirtschaftlichen Fortschritten zu erziehen. Es gilt auch wohl noch gegenwärtig von manchen in der Kultur zurückgebliebenen Völkern. Aber gilt es auch noch vom heutigen wirtschaftlich so hoch entwickelten Deutschen Reiche mit seiner Fülle von sachkundigen, kapitalkräftigen und energischen Unternehmern? Friedrich List, auf den man sich auch jetzt noch häufig zur Verteidigung der Schutzzölle beruft, hat immer betont, daß der Zollschutz nur auf einer niederen Stufe der wirtschaftlichen Entwickelung einen Zweck habe und nach vollbrachter gewerblicher Erziehung des Volkes wegfallen müsse. Das englische Volk bedurfte nach Lists Ansicht schon damals, als er für Deutschland industrielle Schutzzölle verlangte, der staatlichen Bevormundung nicht mehr. In Deutschland hat sich seitdem die Industrie zu einer ungeahnten Blüte entwickelt; sie trägt auf dem Weltmarkte einen Sieg nach dem andern davon. Die Zeit ist längst vorbei, in der sie der „Erziehung" und Leitung durch den Staat bedurfte. Aus dem unter anderen Verhältnissen heilsamen „Schutz" der Industrie ist eine überflüssige Bevormundung, vielfach eine Fesselung der Produktion geworden.

Gegen zollpolitische Eingriffe in ein reichgestaltiges, feingegliedertes Wirtschaftsleben wie das heutige deutsche sprechen folgende allgemeine Bedenken. Die staatlichen Organe, Mehrheiten im Bundesrat und Reichstag sowie die Beamten, sind zur Leitung der tausendfältig verzweigten nationalen Produktion nicht so befähigt wie die privaten Unternehmer; es fehlt ihnen die ausreichende Sachkunde und die Fähigkeit der Anpassung an die beständigem, oft raschem Wechsel unterworfenen wirtschaftlichen Bedingungen. Die staatlichen Organe sind an den Wirkungen der von ihnen verursachten Produktionsverschiebungen nicht unmittelbar interessiert; der Gewinn aus zweckmäßigen Handlungen fällt ihnen nicht zu; bei Fehlern brauchen sie den Schaden nicht zu tragen. Sie geraten leicht in Versuchung, einen schwachen unrentabeln Erwerbszweig zu fördern, nur weil er notleidend ist und Hilfe begehrt, ohne ernsthaft zu prüfen, ob er natürliche Lebensfähigkeit besitzt; und sie vergeuden auf diese Weise nationale Produktivkraft, die in anderen gesunden Erwerbszweigen gut gebraucht werden könnte. Die staatlichen Eingriffe in die Produktion führen vielfach auch dahin, daß sich in manchen Erwerbszweigen die durchschnittliche Produktivität mindert, da die künstliche Preissteigerung auch die Ausnutzung minder günstiger Produktionsbedingungen gestattet. Die künstliche Steigerung der Rentabilität hat hier eine wirkliche Verminderung der Produktivität, also einen volkswirtschaftlichen Verlust zur Folge. Fehler, die private Unternehmer gemacht haben, werden durch den freien Wettbewerb rasch korrigiert. Hat aber der Staat Fehler gemacht, d. h. die Produktion in falsche Bahnen geleitet, so werden die übeln Folgen derselben leicht verewigt. Die vom Staate veranlaßten Fehlgründungen erhalten als „notleidende" vielfach vom Staate weitere Unterstützungen und bilden dann eine dauernde Belastung der Volkswirtschaft.

Es sind also die *industriellen* „Erziehungszölle" in Deutschland heute ganz anders zu beurteilen als zur Zeit Fr. Lists. An *agrarische* Erziehungszölle hat List, dem hauptsächlich daran lag, aus dem einseitigen Agrarstaate Deutschland einen „Agrar- und Industriestaat" zu machen, überhaupt nicht gedacht. Die später eingeführten deutschen Agrarzölle wurden auch nicht als „Erziehungs-", sondern, wie wir sahen, als „Notstandszölle" begründet. Indessen läßt sich keine ganz scharfe Trennungslinie zwischen „Erziehungs-" und „Notstandszöllen" ziehen. Dem in Not Geratenen wird ein Vormund bestellt, und dieser beginnt dann von neuem mit der Erziehung des Bedrängten. In neuerer Zeit sind, nicht nur von „Agrariern", sondern auch von deren Gegnern (z. B. von G. v. Schulze-

Gävernitz) Zölle auf Wein, Tabak, Tafelobst, Frühgemüse, Trinkeier, Mastgeflügel, Honig und andere Erzeugnisse ausdrücklich als „Erziehungszölle im Sinne von Friedrich List" empfohlen worden.

Bei der Beurteilung dieser handelspolitischen Probleme darf man nicht vergessen, wie ungeheuer verschieden sich in einem großen Lande wie Deutschland die wirtschaftliche Entwickelung in den einzelnen Gegenden und den einzelnen Erwerbszweigen vollzogen hat, und man muß deshalb bei Verallgemeinerungen sehr vorsichtig sein. In demselben Lande finden wir neben der allermodernsten kaufmännischen und industriellen Technik noch Reste, oft recht erhebliche, einer ziemlich primitiven Wirtschaftsweise, und zwar nicht nur auf dem Lande, sondern auch in der Stadt. Hier großzügige Ausnutzung der neuesten Errungenschaften der Wissenschaft, dort kümmerlichste Heimarbeit! Kein Wunder, daß die wirtschaftlichen Verhältnisse dann sehr verschieden beurteilt werden, und daß es schwer ist, wirtschaftspolitische Maßregeln zu treffen, die alle befriedigen!

Wie schon mehrfach betont wurde, ist es nicht die Aufgabe dieser Schrift, aus den bisherigen allgemeinen Betrachtungen politische Einzelforderungen abzuleiten, also hier etwa Vorschläge zur Änderung oder Beibehaltung bestimmter einzelner Zollsätze zu machen. Es sei nur nochmals vor hastigen Verallgemeinerungen gewarnt. Aus der grundsätzlichen Anerkennung der großen wirtschafts- und sozialpolitischen Vorteile des freien internationalen Verkehrs ergibt sich nicht etwa ohne weiteres der Schluß, daß alle deutschen Einfuhrzölle sofort mit einem Schlage abgeschafft werden sollten. Ein solches Vorgehen, das nicht mit der historischen Entwickelung und der Verschiedenheit der wirtschaftlichen Verhältnisse rechnen würde, könnte nur von doktrinären Fanatikern angeraten werden. Es würde heftige Erschütterungen im deutschen Wirtschaftsleben hervorrufen, viele Kapitalien entwerten und Arbeitskräfte brachlegen. Die Anpassung an neue weltwirtschaftliche Konkurrenzverhältnisse kann nur allmählich erfolgen, wenn große private und nationale Verluste vermieden werden sollen. Außerdem ist zu berücksichtigen, daß bei der Beurteilung von Zöllen häufig nicht handelspolitische Gesichtspunkte maßgebend sind, sondern mancherlei andere, z. B. finanzielle (Beschaffung von staatlichen Einnahmen), machtpolitische (Waffenhandel), sanitäre (Viehhandel), sittliche (Branntweinhandel in Kolonialgebieten). Aus dem einen Grunde mag ein bestimmter Zoll zweckmäßig und erwünscht erscheinen, aus einem anderen Grunde dagegen verwerflich; dann muß, wie so oft in der Praxis, ein Kompromiß angestrebt werden. Übrigens kennt auch die Praxis der Engländer zahlreiche Ausnahmen vom Grundsatz des freien Verkehrs. —

Zu den Hauptaufgaben der äußeren Wirtschaftspolitik des Deutschen Reiches gehört ferner die wirtschaftliche Nutzbarmachung der deutschen Kolonien. Es ist geradezu eine Ehrensache des deutschen Volkes, das sich so lange von der eigentlichen Kolonialpolitik fernhalten mußte, jetzt zu zeigen, daß es seinen neuen kolonisatorischen Angaben voll gewachsen ist. Die Deutschen haben im Mittelalter in der Besiedlung und Bewirtschaftung von Neuland Großes geleistet und sich auch in der Neuzeit bei der Kolonisation unter fremder Flagge, namentlich in Nord- und Südamerika, vorzüglich bewährt. Nun gilt es zu beweisen, daß das deutsche Volk aus den bis jetzt wenig erschlossenen Gebieten Afrikas und Ozeaniens, in denen Bismarcks starker Arm die deutsche Flagge gehißt hat, einen wertvollen Besitz und eine Stütze der heimatlichen Macht und Kultur machen kann. Die Anfangsschwierigkeiten, welche die deutsche Kolonisation zu überwinden hatte, waren naturgemäß sehr erheblich. Erst allmählich fanden sich Persönlichkeiten, die der Lösung der neuen Aufgaben gewachsen waren, Techniker, Kaufleute, Pflanzer, Beamte usw. Auch jetzt herrscht noch keineswegs Überfluß an solchen. Irrtümer, Fehlschläge und Enttäuschungen waren in den ersten Jahren und Jahrzehnten unvermeidlich. Aber das deutsche Volk würde sich selber untreu werden, wenn es sich durch anfängliche Mißerfolge und die Langsamkeit des Fortschritts seiner Kolonisation entmutigen ließe. Andere Völker sind auf ähnliche Schwierigkeiten gestoßen, haben gleichfalls teilweise Mißerfolge erzielt, müssen vielfach noch gegenwärtig große Anstrengungen machen und schwere Opfer bringen, arbeiten aber unerschrocken weiter; und ihr standhaftes Ringen wird auch endlich immer wieder mit Erfolg gekrönt. Kein Zweifel, daß auch in den deutschen Kolonien Mut, Ausdauer, Pflichttreue, Wissenschaftlichkeit und Gründlichkeit Früchte tragen werden, an denen das deutsche Volk seine Freude haben kann. Gerade in der letzten Zeit ist in der deutschen Kolonialpolitik eine Wendung zum Besseren eingetreten. Namentlich hat man sich davon überzeugt, daß es zur fruchtbringenden Erschließung der deutschen Schutzgebiete zunächst der Aufwendung viel größerer privater und staatlicher Kapitalien bedarf, als man bisher annahm, und es ist auch gelungen, mehr Geld für koloniale Zwecke flüssig zu machen. Erfreulich ist insbesondere, daß größere Mittel für die Herstellung von besseren Verkehrseinrichtungen, Wegen, Eisenbahnen, Hafenanlagen, Telegraphenlinien usw., aufgebracht worden sind. Die Verkehrseinrichtungen sind die Grundlagen und Vorbedingungen gewinnbringender Produktion und erfolgreichen Handels. Von großer Bedeutung ist auch die eingeleitete Neuorganisation der Verwaltung der deutschen Kolonien.

Unter den Mitteln zur Stärkung der Stellung Deutschlands in der Weltwirtschaft sind ferner die in erster Linie nichtwirtschaftlichen, vielmehr allgemein kulturellen und nationalen Beweggründen entspringenden Maßregeln zur Erhaltung des Deutschtums im Auslande zu nennen. Wenn wir die deutsche Auswanderung nach Gegenden lenken, in denen unsere Volksgenossen nicht unmittelbar Gefahr laufen, ihre Sprache und Eigenart zu verlieren, wenn wir dort die Errichtung deutscher Schulen, Bibliotheken, Kirchen und Krankenhäuser fördern und auf diese und andere Weise den Bereich deutscher Kultur ausdehnen, so pflegen wir damit nicht nur unsere kostbaren nationalen Güter, die Errungenschaften unserer deutschen Geisteshelden, sondern dienen auch den wirtschaftlichen Interessen unseres Vaterlandes. Denn der wirtschaftliche Verkehr entwickelt sich um so leichter und gestaltet sich um so intensiver, je mehr kulturelle und nationale Anknüpfungspunkte vorhanden sind. Wo in der Fremde deutsch gesprochen wird, wo deutsche Sitte waltet, wo deutscher Geschmack herrscht, wo der deutsche Name geachtet wird, da kann auch der deutsche Kaufmann leichter seine Waren absetzen, da wird auch immer wieder in den Herzen der Ausgewanderten und ihrer Nachkommen der Wunsch auftauchen, das alte Vaterland zu besuchen und Verbindungen aller Art, auch wirtschaftliche, mit ihm aufrechtzuerhalten.

Nicht zu vergessen sind endlich die militärischen Maßnahmen zum Schutze des auswärtigen Verkehrs. Wir müssen davor sicher sein, daß das kunstvolle und kostbare Gewebe der Weltwirtschaft plötzlich durch rohe Gewalt zerrissen wird, und daß wir von den für uns jetzt unentbehrlichen überseeischen Bezugs- und Absatzmärkten durch feindliche Streitkräfte abgeschnitten werden können. Diese Forderung erscheint hier zwar als die letzte; aber sie ist wohl die wichtigste von allen, so wichtig wie das Gebot der Selbsterhaltung für den einzelnen Menschen. Die furchtbaren Folgen einer Blockade unserer Ein- und Ausfuhrhäfen sind oben dargelegt worden. Wir müssen suchen, diesen Gefahren durch die Schaffung einer starken Kriegsflotte vorzubeugen. Die Kosten einer solchen Flotte sind, wie oben bemerkt, die Prämie, die für die Versicherung des Bestandes unseres gewaltigen überseeischen Verkehrs gezahlt werden muß. Weite Kreise des deutschen Volkes haben erst in letzter Zeit begonnen, die Notwendigkeit einer solchen weit vorausschauenden Politik einzusehen. Für den Bau einer größeren Anzahl von leistungsfähigen Kriegsschiffen ist durch die deutschen Flottengesetze gesorgt. Ungelöst ist jedoch noch die Aufgabe der Erlangung von geeigneten Stützpunkten für unsere Flotte über See. Wir besitzen gegenwärtig nur einen solchen Stützpunkt, nämlich Kiautschou. Unsere afrikanischen und pazifischen Kolonien sind in dieser Hinsicht noch nicht nutzbar gemacht worden. England besitzt dagegen solche zum Schutz des überseeischen Verkehrs und der Kolonien unbedingt notwendigen Stützpunkte in sehr großer Zahl, darunter Seefestungen ersten Ranges wie Malta, die Bermudasinseln, Halifax und Vancouver, und viele befestigte Kohlenstationen. Auch Frankreich verfügt über verschiedene wertvolle Stützpunkte dieser Art in Nord-, West- und Ostafrika, auf Madagaskar und in Indochina.

Manchem deutschen Politiker mag bangen, wenn er der großen Verantwortung gedenkt, die Deutschland durch seinen entschlossenen Eintritt in die Weltwirtschaft und Weltpolitik übernimmt. Viele warnen vor nationaler Überhebung und vor einer schädlichen Überspannung unserer Kräfte. „Uferlos" schilt mancher die Pläne derer, die sich wieder kühn auf das Weltmeer hinausgewagt haben.

Gegenüber solchem Kleinmut ist es wohl am Platze, darauf hinzuweisen, wie schwere Aufgaben sich andere Nationen gestellt haben und wie hohe Ziele ihnen vorschweben, und zu vergleichen, ob ihre Kräfte zur Durchführung ihrer Pläne etwa so viel größer sind als die des deutschen Volkes.

In London liegt die Verantwortung für die Schicksale eines überseeischen Reiches, das fast 30 Millionen qkm und gegen 350 Millionen Menschen umfaßt. Das Zusammenhalten und immer innigere Zusammenfügen dieser gewaltigen Länder- und Menschenmassen ist eine der Hauptaufgaben der britischen Politik. Die Sorge um die Erhaltung der Einheit des Riesenreiches hat in England eine besondere neue Bewegung hervorgebracht, den britischen Imperialismus. Der Imperialismus ist der erweiterte Patriotismus; er bedeutet Liebe zum größeren Vaterlande (Greater Britain), zum Imperium, Interesse am Imperium, Sorge um das Imperium. Die bekannteste Erscheinungsform dieses Imperialismus ist die gewaltige Agitation Chamberlains für den engeren wirtschaftlichen Zusammenschluß der einzelnen Teile des Reiches. Aber auch unter den zollpolitischen Gegnern Chamberlains, den unionistischen und liberalen Freihändlern, ist der imperialistische Gedanke vorherrschend. Nur wenige hervorragende liberale Politiker verhalten sich dem Imperialismus gegenüber kühl. Unverzagt hat das tatkräftige und stolze englische Volk die politische Beherrschung und die wirtschaftliche Erschließung eines fast unübersehbaren Gebietes übernommen. Es hat für die Behauptung seiner Weltstellung viele schwere Opfer an Gut und Blut gebracht und ist auch gegenwärtig noch jederzeit bereit, ähnliche zu bringen. Es scheut sich nicht, die Last seiner Verantwortung noch zu vergrößern, ja es jubelt hoch auf, wenn in immer neuen Gebieten Afrikas und Asiens seine Flagge gezeigt und gehißt wird. Noch steht in aller Erinnerung, wie die Engländer, trotz anfänglicher schlimmer Mißerfolge, mit der größten Zähigkeit und Tapferkeit die Widerstände überwunden haben, die die Aufrichtung ihrer Herrschaft in Südafrika und ihren Siegeslauf nach der Mitte und dem Norden Afrikas hemmten. Kurz vor dem Burenkriege hatten sie die in Zentralafrika ungestüm vordringenden Franzosen durch ihre kaltblütige Entschlossenheit bei Faschoda zum Stillstehen und Rückzug gezwungen. Kaum war der Einfluß Englands in den strittigen Gebieten Afrikas neu befestigt und der englische Kolonialbesitz in diesem Erdteil stark vermehrt worden, da warf sich die britische Expansionspolitik mit aller Energie auf Asien, zunächst zur Zurückdrängung der asiatischen Nebenbuhler Englands, der Russen. Es wurde das Bündnis mit Japan geschlossen, das den Mut der Japaner zum Kriege mit Rußland wesentlich hob. Dann versuchte England, in Persien dem Vordringen der Russen entgegenzuarbeiten, selbst am Persischen Meerbusen besser Fuß zu fassen und den Bau der Bagdadbahn durch die Deutschen zu vereiteln. Es folgten die Expeditionen nach Tibet und Afghanistan und eine Verständigung mit Frankreich über das Schicksal Siams. Damit verband sich die Sicherung des Seewegs nach Indien durch die Befestigung der englischen Stellung in Ägypten im Marokko-Abkommen von 1904. Endlich kam der heftige Ausbruch der Feindseligkeit in England gegen Deutschland, als sich die deutsche Regierung erlaubte, gegen die eigenmächtige Neuverteilung weiter Landstrecken durch die Engländer und Franzosen bescheiden Einspruch zu erheben!

Den englischen Soldaten und Kanonen folgten überallhin englische Kaufleute, Techniker und Pflanzer; teilweise zogen sie ihnen schon voraus und riefen ihren Schutz an. Die kriegerischen Expeditionen endigten meistens mit dem Abschluß von Handelsverträgen, der Erlangung von wirtschaftlichen Konzessionen usw., und die englischen Kapitalisten begrüßten freudig die Eröffnung neuer Felder zur Betätigung ihrer Unternehmungslust.

Die wirtschaftliche Erschließung des immer weiter ausgedehnten englischen Kolonialbesitzes geht auch heute noch zum größten Teil unmittelbar vom Mutterlande aus; sogar die sogenannten „autonomen" Kolonien leihen sich noch beständig Kapitalien vom Mutterlande und lassen ebenda vielfach ihre Angehörigen ausbilden. Die Entscheidung über ihre inneren Angelegenheiten hat das Mutterland den wichtigsten Kolonien mit starker weißer Bevölkerung überlassen. Der militärische Schutz der fast über die ganze Erde zerstreuten Gebiete liegt aber fast allein dem Mutterlande ob. Zum Bau und zur Unterhaltung der gewaltigen englischen Kriegsflotte leisten nur einige Kolonien unbedeutende Beiträge; die anderen steuern überhaupt nichts bei. Die große indische Armee wird allerdings von Indien selbst unterhalten; die übrigen Kolonien begnügen sich aber mit der Aufstellung geringer Milizen und überlassen die Verteidigung der gefährdeten Punkte den vom Mutterlande über die ganze Erde geschickt verteilten regulären englischen Truppen.

Mit England hat Frankreich seit Jahrhunderten in der Weltpolitik gewetteifert. Immer wieder begann der koloniale Kampf zwischen den beiden ehrgeizigen Staaten. Viele Jahrzehnte lang ist von Engländern und Franzosen fast ohne Unterbrechung mit wechselndem Erfolge in Nordamerika, in West- und in Ostindien um die Vorherrschaft gefochten worden, bis Frankreichs Kraft — hauptsächlich auf den kontinentalen Schlachtfeldern durch die Deutschen — gebrochen wurde. Aber nach allen Niederlagen, auch nach den letzten schweren von 1815 und 1870, hat Frankreich immer wieder mit verdoppeltem Eifer die Ausdehnung seiner Macht über See angestrebt. Es begann 1830 die Eroberung von Algerien und begründete in den folgenden Jahrzehnten ein neues Kolonialreich in Nord- und Westafrika, in Hinterindien und in der Südsee. Es baute den Suezkanal. Auch nach der empfindlichen Schwächung im Jahre 1870/71 schreckte das französische Volk vor der Übernahme neuer schwerer Verantwortung und vor neuen großen Opfern an Gut und Blut nicht zurück und besetzte weitere große Gebiete an der Guineaküste und im Sudan, Tunis, Madagaskar, Annam und Tongking. Seine Versuche, auch Marokko seiner Einflußsphäre anzugliedern, sind noch in aller Gedächtnis. Frankreich hat mehrmals vor der überlegenen Macht anderer Staaten zurückweichen müssen; es hat es mit Zähneknirschen getan, niemals, weil es glaubte, zur Lösung der überseeischen Aufgaben zu schwach zu sein und die Verantwortung nicht tragen zu können.

Und weiter! Welcher Wagemut und welches Selbstvertrauen in der Politik der großen Republik jenseits des Atlantischen Ozeans! Das Leitmotiv der auswärtigen Politik der nordamerikanischen Union ist seit langem die Monroedoktrin. Wie anspruchsvoll und kühn klingt diese Lehre im Munde ihrer heutigen Verkünder! Ihre jetzige Auslegung kennzeichnet den Geist der amerikanischen Expansionspolitik.

Die Doktrin stammt aus einer Botschaft des Präsidenten Monroe vom Jahre 1823. Monroe stellte damals den Satz auf, daß die Vereinigten Staaten keine Einmischung oder territoriale Ausdehnung außeramerikanischer Mächte in Amerika dulden würden. In der Tat haben die Vereinigten Staaten seitdem ihre Politik dieser Lehre entsprechend gestaltet, und nicht nur amerikanische, sondern auch europäische Politiker behaupten neuerdings, die Doktrin sei längst durch wiederholte Anwendung zum Range eines allgemein anerkannten internationalen Gesetzes erhoben worden.

Die Monroedoktrin wird verschieden ausgelegt. Diese Auslegungen sind für uns besonders interessant, weil sie zeigen, wie die Doktrin allmählich immer aggressiver und europafeindlicher geworden ist. Aus dem verhältnismäßig bescheidenen Eintreten des Präsidenten Monroe für die Aufrechterhaltung des status quo ist mit der Zeit die Forderung „Amerika den Amerikanern!" oder genauer „Ganz Amerika den Nordamerikanern!" geworden. Von besonderem Interesse sind für uns die Auslegungen des jetzigen hervorragendsten amerikanischen Staatsmannes, des früheren Präsidenten Roosevelt, der in keiner wichtigeren Ansprache versäumte, auf die Monroedoktrin als das Grundgesetz der auswärtigen Politik der Vereinigten Staaten hinzuweisen. Im Jahre 1896 äußerte sich Roosevelt, damals noch nicht Präsident, folgendermaßen über die Doktrin: „Der kurze Inhalt der Monroelehre ist das Verbot europäischer Gebietserweiterung auf amerikanischem Boden." Dazu kam, nach Roosevelt, sofort ein Zweites: „Auch ist kein Austausch amerikanischer Kolonien zwischen europäischen Staaten gestattet, wenn die Vereinigten Staaten der Meinung sind, daß dieser Austausch ihren eigenen Interessen schädlich ist." Roosevelt setzte zur Erläuterung den Fall, daß „Deutschland Kuba von den Spaniern oder St. Thomas von den Dänen zu erwerben trachtete"; in diesen Fällen würden die Inseln „aus den Händen einer schwachen in die einer starken europäischen Macht" übergehen. Das würde als ein „Friedensbruch mit Amerika" angesehen werden. „In beiden Fällen," sagte Roosevelt, „ist es nicht denkbar, daß die Vereinigten Staaten zögern würden, wenn es nötig ist, mit bewaffneter Hand dazwischenzutreten." „Die Vereinigten Staaten dürfen keiner großen Militärmacht, die in diesem Erdteil noch kein Gebiet besitzt, das Recht zugestehen, festen Fuß zu fassen, und ebensowenig dulden, daß andere, die bereits hier Besitzungen haben, diese vergrößern." Aber nicht genug damit; sofort tauchte noch ein dritter Gedanke auf: „Jeder rechtschaffene Patriot," sagte Roosevelt, „jeder Politiker in unserem Lande sieht verlangend dem Tag entgegen, wo keine einzige europäische Macht mehr ein Stückchen amerikanischen Boden im Besitz haben wird." Auch gegen England führte Roosevelt dieselbe scharfe Sprache. Es war die Zeit des Venezuela-Grenzstreites. Roosevelt rechnete kaltblütig mit der Möglichkeit eines Krieges mit England, in dem dieses „schließlich notwendigerweise Kanada verlieren" würde. „Man verstehe uns wohl", sagte er, „wir hegen keinen Haß gegen England — im Gegenteil —, aber sobald seine Interessen mit dem Fortschreiten der Kultur in Widerspruch geraten oder zur Unterdrückung anderer Völker führen, kehrt sich unsere freundschaftliche Stimmung sofort in das Gegenteil um."

In einer am 2. April 1903 zu Chicago gehaltenen Rede hat Präsident Roosevelt eine weitere schärfere Auslegung der Monroedoktrin gegeben. Hier führte er aus, die Vereinigten Staaten müßten nicht nur Gebietserweiterungen fremder Mächte in Amerika verhindern, sie müßten auch verhüten, daß die europäischen Mächte über eine der amerikanischen Republiken eine „Kontrolle" erlangten, „die in ihrer Wirkung einer territorischen Vergrößerung gleichkäme". Wieder eine nicht ganz klar bestimmte und darum dehnbare Forderung!

Endlich ist noch auf ein Fünftes hinzuweisen: „Es mehren sich die Anzeichen, daß man die Monroedoktrin auf das Wirtschaftliche auszudehnen sucht. Die Vereinigten Staaten machen offene und versteckte Versuche, sich der finanziellen Kontrolle und kommerziellen Ausnutzung des Grund und Bodens und der natürlichen Schätze von ganz Amerika durch Fremde zu widersetzen." (W. v. Polenz.)

Das beweist das Vordringen der Nordamerikaner nach Kuba, Domingo, Columbien (Panama!), Brasilien usw. Zwar tragen sie noch Bedenken, die Vormundschaft über die zentral- und südamerikanischen Republiken, die einzelne Heißsporne anstreben, schon jetzt zu übernehmen; aber sie betrachten bereits jede Betätigung von Europäern in jenen Gebieten gewissermaßen als einen Eingriff in ihre Interessen- und Machtsphäre.

Der wahre Geist der Monroedoktrin offenbart sich wohl am vollkommensten in den Reden Roosevelts, der seine große Volkstümlichkeit dadurch gewonnen hat, daß er in sich das verkörpert, was der Amerikaner bewundert. Dieser sagte z. B. in einer am 10. April 1899 in Chicago gehaltenen Rede folgendes: „Wir bewundern den Mann, der das Symbol von Wagen und Gewinnen ist, den Mann, der seinen Nachbar nicht übervorteilt, der treu zu seinen Freunden steht, aber der die männlichen Tugenden besitzt, um aus dem ernsten Kampf des Lebens schließlich als Sieger hervorzugehen. Es ist hart, wenn man seine Anstrengungen mißglücken sieht. Aber noch schlimmer ist es, überhaupt niemals ernstliche Anstrengungen zu unternehmen. Ohne Mühe wird auf Erden nichts erreicht ... Es ist eine feige Unwahrheit, zu behaupten, daß das Volk glücklich ist, das keine Geschichte hat. Dreifach glücklich ist das Volk mit einer ruhmvollen Vergangenheit! Unendlich besser ist es, große Taten zu wagen, glänzende Siege zu erkämpfen, auch wenn sie zuweilen mit unglücklichen Zwischenfällen gepaart sind, als sich unter die Kleinmütigen zu scharen, die niemals eine große Freude noch großes Leid erfahren, weil sie in einer grauen Dämmerung dahinleben, wo Sieg und Niederlage unbekannt sind ... Gott sei Dank für den Stahl in dem Blute unserer Väter! In dem Blute der Männer, die Lincolns Weisheit unterstützten und die Schwert und Gewehr in den Reihen Grants trugen ... Laßt uns dem Gott unserer Väter danken, daß damals die verabscheuungswürdigsten Versuche zugunsten des Friedens kein Gehör fanden, daß man Leiden, Ungemach, Schmerz und Verzweiflung mutig trotzte, daß die Jahre des Kampfes durchgekämpft wurden; denn dadurch wurde der Sklave befreit, kam die Union zustande, und seither nimmt die mächtige amerikanische Republik als gekrönte Königin einen Platz unter den Völkern ein ... Wollen wir wirklich ein großes Volk werden, dann müssen wir mutig danach trachten, eine große Rolle auf der Weltbühne zu spielen. Großen Ereignissen können wir nicht aus dem Wege gehen."

Deutschlands Lage in der Mitte Europas ist zwar eine besonders gefährdete und bedingt eine erhebliche Konzentration seiner Verteidigungsmittel. Aber auch die anderen Staaten haben der Sorgen genug, die den Ängstlichen von der Weltpolitik abschrecken könnten, in Wirklichkeit jedoch ein kräftiges Volk zu immer größeren Anstrengungen anspornen. Solche Anstrengungen gereichen den Völkern zum Segen; denn auch von Völkern gilt das Wort, daß sie wachsen mit ihren größeren Zwecken, und das andere, daß nur „Mühe und Arbeit" dem Dasein Wert verleihen.

Vergegenwärtigen wir uns kurz die Schwierigkeiten, mit denen unsere Hauptkonkurrenten zu kämpfen haben.

In England ist seit langem die Erhaltung der Reichseinheit das wichtigste Problem der Politik. „Einheitspartei" (Unionist party) nennt sich mit Vorliebe die Partei, die in den letzten beiden Jahrzehnten am längsten die Regierungsgewalt in London ausgeübt hat. Die geringere Wertschätzung des Einheitsgedankens war es vor allem, die den Fall Gladstones und seiner großen liberalen Partei verschuldet hat. In den letzten Jahren ist die Reichsidee geradezu der Angelpunkt der britischen Politik geworden: „Imperialismus" heißt das große Schlagwort der politischen Kämpfe. Die große Sorge um die Erhaltung der Reichseinheit hat, wie schon oben bemerkt, die Agitation Chamberlains ins Leben gerufen. Mit eindringlicher Beredsamkeit hat Chamberlain immer wieder dem englischen Volke vorgehalten, wie schlimme Folgen es haben würde, wenn die Kolonien sich von England trennten und unabhängig würden. „Bedenkt", so rief er in einer bedeutsamen Rede am 15. Mai 1903 in Birmingham aus, „bedenkt, was das für unsere Macht und unseren Einfluß als Staat bedeutet. Bedenkt, was es für unsere Stellung unter den Völkern der Welt bedeutet. Bedenkt, was es für unseren Handel bedeutet. Dies nenne ich an letzter Stelle. Am ersten und meisten denke ich an den Einfluß (d. h. die politische Macht) unseres Reiches." Der imperialistische Gedanke ist aber nicht nur in der unionistischen Partei maßgebend; auch unter den Liberalen gibt es zahlreiche Imperialisten, die sich nur in der Wahl der Mittel zur Festigung des Reiches von Chamberlain unterscheiden. Besteht aber wirklich die Gefahr einer Auflösung des britischen Reiches? Die Frage muß wohl bejaht werden. Schon heute ist der Zusammenhang der einzelnen Teile des Reiches sehr lose. Im Grunde steht England zu seinen vier oder fünf großen „autonomen" Kolonien (Kanada, Neufundland, Südafrika, Australien, Neuseeland) nur in einem lockeren Bundesverhältnis. Die Einheit des britischen Reiches beruht weniger auf rechtlichen Banden, sondern mehr auf einer gewissen Gemeinschaft des Blutes, der Tradition, des Gefühls, der Religion, der Sprache, der Kultur; und auch diese Gemeinschaft ist nur teilweise vorhanden; man denke nur an die Masse der französisch sprechenden, katholischen Kanadier und an die Holländer in Südafrika. Das britische Reich hat keine einheitliche Gesetzgebung, keine einheitliche Handels-, Verkehrs- oder Steuerpolitik, kein Reichsheer, keine Reichsmarine. Die Kolonien sind nicht zur Hilfeleistung im Kriege verpflichtet. Ihre Unabhängigkeit ist fast vollständig, und sie widersetzen sich eifersüchtig einer jeden Schmälerung derselben. Manche streben zweifellos nach gänzlicher Selbständigkeit. Die Vereinigung kleinerer Kolonien zu großen Bundesstaaten, wie in Nordamerika, Australien und Südafrika, verstärkt das Verlangen nach Unabhängigkeit. Zu dieser Sorge um die Treue der „autonomen" Kolonien kommt für die Londoner Staatsmänner noch die andere große Sorge um die Festigkeit der englischen Herrschaft in den Riesengebieten, die unmittelbar vom Mutterlande verwaltet werden, wie namentlich Ostindien und das tropische Afrika; denn immer von neuem empören sich die farbigen Eingeborenen gegen die Herrschaft der Engländer. Seit der „gelbe" Mann den weißen Zaren zu Land und zu Wasser geschlagen und gedemütigt hat, ist das Selbstbewußtsein der unterworfenen Völker Asiens und Afrikas unermeßlich gestiegen, und die „Unruhen" in Indien, Ägypten usw. nehmen kein Ende. Die ganze ungeheure Last der Verantwortung für das Zusammenhalten des riesigen Reiches ruht auf den Schultern der leitenden Staatsmänner des Mutterlandes. Bei den leitenden Politikern der Kolonien findet die Londoner Regierung wenig Verständnis für die Größe des Reichsgedankens und wenig wirkliche Hilfe. Die Kolonien wollen meistens nur das Mutterland ausnutzen, aber für das Gedeihen des Reiches keine Opfer bringen. Weigern sie sich doch sogar, ihrer allerersten Pflicht, zur Verteidigung des Reiches angemessen beizusteuern, zu genügen! Sie widersetzen sich allen Maßregeln, welche die Macht der Zentralregierung in London zu erhöhen scheinen. Sie besitzen fast alle eine mächtige, teilweise ausschlaggebende Arbeiterpartei, deren politischer und sozialer Weisheit letzter Schluß in der Parole „Zuzug fernhalten!“ zu bestehen scheint. Wie kann man von Politikern, die, wie es vor kurzem geschehen ist, englischen Arbeitern die Einwanderung in Australien verbieten wollen, erwarten, daß sie die Größe des Reichsgedankens erfassen, geschweige, daß sie für ihn auch nur einen Penny opferten! Kurzsichtigkeit und Engherzigkeit scheinen überhaupt die Kennzeichen der meisten englischen kolonialen Politiker zu sein, ganz im Gegensatz zu den leitenden Staatsmännern des Mutterlandes. Die wenigen hervorragenden kolonialen Politiker aber, vor allem der ausgezeichnete kanadische Staatsmann Sir Wilfrid Laurier, geben dem unparteiischen Beobachter den Eindruck, daß sie die Opfer, zu welchen sie die fast nur auf den Gelderwerb bedachte koloniale Bevölkerung bewegen können, für die politische Bedeutung der Kolonien selbst, nicht für das Gesamtreich verwenden wollen. So stößt die innere Festigung des britischen Reiches auf gewaltige Schwierigkeiten. Kein Wunder, daß bei solchen Schwierigkeiten selbst ein eifriger Imperialist wie Lord Rosebery mit Nachdruck vor weiteren Vergrößerungen des englischen Kolonialreichs und der dadurch bedingten Steigerung der Verantwortung der Londoner Zentralgewalt warnt! — Noch hält England grundsätzlich an seiner Forderung der Vorherrschaft zur See fest, beobachtet aber mit wachsender Besorgnis die rasche und unaufhaltsame Steigerung der wirtschaftlichen und politischen Seegeltung Deutschlands und Nordamerikas. Es erkennt mehr und mehr die Begrenztheit seiner Kräfte. Will es den einen Nebenbuhler niederhalten, so muß es den anderen beständig Konzessionen machen; so bedeutete der Widerstand gegen Deutschlands Vordringen in den letzten Jahren Nachgiebigkeit, d. h. Preisgabe britischer Interessen, gegenüber Nordamerika, Rußland und Frankreich. Immer neue und schwerere Opfer beansprucht Englands ehrgeizige Weltpolitik.

Hat England die schweren äußeren Sorgen, so überwiegen in den Vereinigten Staaten von Amerika die inneren Schwierigkeiten. Die gesellschaftlichen Verhältnisse ermangeln in Amerika noch der Festigkeit. Die sozialen Konflikte sind dort von außergewöhnlicher Schärfe. Ohne Rücksicht auf das Gemeinwohl entbrennt häufig ein zügelloser Kampf zwischen privaten Interessen. Vor der Anwendung roher Gewalt schreckt man nicht immer zurück. In keinem modernen Industriestaat ist der Mißbrauch der Macht des Geldes, die Ausbeutung des Publikums und des Staates durch riesige Interessenverbände, die politische Korruption so schlimm wie in der großen nordamerikanischen Republik. Gesittung und Bildung sind vielfach noch sehr oberflächlich. Zu den vielen schweren sozialen Problemen, deren Lösung auch in den europäischen Industriestaaten versucht werden muß, tritt in Nordamerika noch die Negerfrage. Sind doch unter etwa 90 Millionen Einwohnern der Vereinigten Staaten nicht weniger als 10 Millionen Neger und Mulatten! Aus dem Zusammenleben der Weißen, Schwarzen und Mischlinge ergeben sich beständig unendliche Schwierigkeiten, deren Behebung ganz aussichtslos zu sein scheint. Mit Unrecht spricht man von der „Jugend" des amerikanischen Volkes. Alle Unarten und Laster des „alten" Europa sind von den Auswanderern über den Ozean mitgenommen worden und haben sich vielfach in den weiten Gebieten Amerikas, wo die Kontrolle schwächer war, nur noch ungezügelter entwickelt. Große Kulturhistoriker haben gefunden, daß die neuen amerikanischen, australischen usw. Kolonialländer ebenso deutliche Zeichen raschen „Alterns" aufweisen wie einst im Altertum die griechische Kolonialwelt. Zeigt nicht in der Tat das angeblich junge Amerika mehr Merkmale von Dekadenz und Degeneration als „unser Kontinent, der alte"? Was kann es für ein Volk Schlimmeres geben als das, was Roosevelt als „Rassenselbstmord der Amerikaner" gebrandmarkt hat! Der Fluch der Kinderarmut, das sicherste Anzeichen der Greisenhaftigkeit, ruht auf diesem „jungen" Lande. Die besten Elemente der Bevölkerung der Vereinigten Staaten vermehren sich nur noch schwach oder gar nicht mehr. Dazu wird das von außen zuströmende Menschenmaterial nach dem Urteil der amerikanischen Staatsmänner von Jahr zu Jahr immer minderwertiger. Andere Merkmale des Verfalles sind die Frühreife der Kinder, die Nervosität, die Lust an der Sensation und am Prahlen, die Verschwendungssucht, die Geschmacksverderbnis, das Verkümmern der Kunst. Bei genauerer Prüfung schrumpft die „amerikanische Gefahr" wesentlich zusammen. Zu den allgemeinen inneren Schwächen Amerikas kommen noch besondere auf wirtschaftlichem Gebiete: ein mangelhaftes Geld- und Kreditwesen, namentlich Schwächen im Bankwesen; große Übelstände im Eisenbahnwesen; geringe Entwickelung der Seeschiffahrt; eine schädliche Handelspolitik usw.

Dabei hat die nordamerikanische Union bei der Eroberung des Weltmarktes und ihrer sonstigen Expansionspolitik keineswegs einen ähnlichen Vorsprung vor ihren Konkurrenten wie etwa England. Was sie beherrschen will, muß sie neu erobern und in täglich erneutem Ringen zu behaupten streben. Ihre auf die Monroedoktrin gestützten Ansprüche sind weit davon entfernt, allgemein anerkannt zu werden; sie haben nur so lange und insoweit Bedeutung, als die Vereinigten Staaten entschlossen sind, für sie mit Ernst, nötigenfalls mit den Waffen, einzutreten. Darum war ja auch das ceterum censeo aller Reden des Präsidenten Roosevelt über die auswärtige Politik die Forderung, eine große amerikanische Kriegsmacht, vor allem eine starke Flotte, zu beschaffen.

Auf die Verhältnisse in Frankreich, Rußland, Österreich-Ungarn, Italien und anderen weniger in Betracht kommenden Konkurrenzstaaten Deutschlands braucht hier nicht weiter eingegangen zu werden. Ein jeder von ihnen hat seine besonderen Sorgen, meistens schwerere als Deutschland. Und doch finden wir in ihnen allen trotz aller Schwierigkeiten und oft furchtbarer Leiden immer wieder frischen Wagemut und einen ungestümen Drang zur Ausdehnung ihres Herrschaftsbereichs.

Hinter keinem dieser Konkurrenten darf das deutsche Volk in der Verfolgung hoher Ziele zurückbleiben. Es muß den Ehrgeiz haben, sich als das erste unter den Völkern der Erde zu erweisen, als das edelste, kühnste, freieste. Der alte Heldenwahlspruch „αἰὲν ἀριστεύειν!" muß auch der seine bleiben. Unter den Weltvölkern muß es seine Eigenart zur kraftvollen Entfaltung bringen, immer bestrebt, neue Kulturwerte zu schaffen, ohne fremde zu zerstören.

Kein Zweifel, es sind hohe Ziele, die sich kraftvolle, mutige und vorwärtsstrebende Völker wie das englische, französische und nordamerikanische gesteckt haben. Und nicht etwa handelt es sich bei ihren kühnen politischen, kulturellen und wirtschaftlichen Expansionsplänen nur um große Worte; nein, durch große Taten, durch schwere Opfer und dauernde Anstrengungen haben jene Nationen bewiesen, wie ernst sie ihren Zielen zustreben. Wer dies bedenkt, wird uns Deutsche nicht nationaler Überhebung bezichtigen, wenn wir den Wunsch haben, „im Handelsverkehr, in der Meerbeherrschung, in der Besiedlung der nicht europäischen Gebiete unseren Platz an der Sonne einzunehmen und zu behaupten, auch gegen bösen Neid und Haß, gegen bessere und glücklichere Konkurrenten" (Th. Mommsen), wenn wir verlangen, daß auch unsere Stimme bei der Lösung der wichtigen überseeischen Probleme im Rate der Völker gehört werde, und daß ohne uns „keine große Entscheidung mehr fallen dürfe" (Kaiser Wilhelm II.). Solche Ansprüche entspringen einem gesunden Kraftgefühl: „Denn alle Kraft dringt vorwärts in die Weite, zu leben und zu wirken hier und dort." (Goethe.)

Noch immer aber fragen viele zaudernd: Haben wir auch wirklich die Kraft zur energischen, umfassenden Betätigung in jenen fernen Ländern? Muten wir uns nicht zuviel zu? Sind die Aufgaben, die uns in Europa obliegen, nicht zu schwer, schwerer als die anderer Nationen? Ist eine Zersplitterung unserer Kräfte nicht verhängnisvoll?

Diese Fragen erledigen sich in der Hauptsache durch die oben gemachten Ausführungen über die Grundlagen der Stellung Deutschlands in der Weltwirtschaft. Deutschland besitzt alle Vorbedingungen zur allseitigen (wirtschaftlichen, kulturellen und politischen) Betätigung in fernen Teilen der Erde: Bevölkerung, Reichtum, Bildung, sittliche Kraft, Wagemut.

Aber ohne große Anstrengungen, ohne hartes Ringen, ohne viele Opfer fällt uns das Glück nicht in den Schoß. Jeder einzelne muß sein Bestes tun; nur der Fleiß, die Tüchtigkeit und die Gewissenhaftigkeit führen zu dauernden Erfolgen. Die Arbeit der einzelnen genügt jedoch nicht. Hinter all den tüchtigen und strebsamen deutschen Industriellen, Kaufleuten und Landwirten, Unternehmern, Angestellten und Arbeitern, von denen jeder einzelne an seiner Stelle seine Schuldigkeit tut, muß die gewaltige Gestalt des deutschen Staates stehen, jederzeit bereit, den deutschen Staatsangehörigen Schutz vor den Übergriffen Fremder zu gewähren und, wenn nötig, die Angriffe des Auslands mit starker Faust zurückzuschlagen. Ja, noch mehr, der Staat soll nicht immer hinter ihnen stehen; es gibt Zeiten, zu denen er ihnen vorangehen muß, um ihnen erst die Bahn zu brechen, die zur wirtschaftlichen Betätigung führt. Bald folgt die Flagge dem Handel, bald der Handel der Flagge. Weltwirtschaft und Weltpolitik sind unauflöslich miteinander verknüpft.

Wir wissen aus der Geschichte, daß die schlimmsten Feinde Deutschlands nicht auswärtige Gegner gewesen sind. Die innere Zwietracht ist es, die unser Volk so häufig und so schwer geschwächt hat. Auch gegenwärtig hemmen die inneren Zwistigkeiten, wirtschaftliche, soziale, konstitutionelle, konfessionelle usw. noch erheblich die äußere Machtentfaltung des Deutschen Reiches. Noch stehen Millionen Deutsche der neudeutschen Weltpolitik verständnislos, teilweise murrend gegenüber. Darunter leidet die äußere Politik des Deutschen Reiches, insbesondere seine Kolonialpolitik, schwer. Zwar haben wir jetzt endlich, nach Jahrhunderten der Zersplitterung, wieder eine starke Zentralregierung, welche die auswärtige Politik zu leiten hat; und das Oberhaupt der Bundesfürsten ist zu unserem Heil ein Mann, der von der Wichtigkeit einer kraftvollen Weltpolitik fest durchdrungen ist und nicht oft genug betonen kann, wie bitter not uns besonders eine starke Flotte ist. Aber die Volksvertretung ist lange nur widerwillig und zögernd auf der neuen Bahn gefolgt, wie sich namentlich bei Kolonialdebatten zeigte. In der neuesten Zeit ist eine Wendung zum Besseren eingetreten. Immer weitere Kreise begreifen die Wichtigkeit der auswärtigen Wirtschafts- und Machtpolitik für die Erfüllung unserer Kulturaufgaben und für die Lösung der sozialen Probleme. Es fehlt nicht an Anzeichen, daß sich der politische Gesichtskreis in allen Schichten der deutschen Bevölkerung, auch unter den Arbeitern, zu erweitern beginnt. Leider sind wir ja noch lange nicht genug den kleingeistigen, kleinstaatlichen, kleinbürgerlichen Anschauungen, dem Erbteil aus einer wenig ruhmvollen Zeit unserer Entwickelung, entwachsen. Eine großzügige Weltpolitik, der das Volk freudig zustimmt, wird unser inneres politisches Leben von vielem Unerfreulichen, das jetzt die großen Massen erbittert, befreien. Wie klein und kleinlich erscheint nicht dem, der weltwirtschaftlich und weltpolitisch zu denken gelernt hat, so manches Problem, das jetzt noch bei uns die Volksmassen in Atem hält. Selbst einem Chamberlain kam die Größe der Weltreichsprobleme erst voll zum Bewußtsein, als er über den Ozean nach Südafrika fuhr, und 6000 Seemeilen von Westminster entfernt, begriff er kaum mehr, wie sich die englischen Parlamentarier über die Fragen, die dort besprochen wurden, so erhitzen konnten. Die Politik in Westminster erschien ihm auf dem Weltmeere wie „Kirchturmspolitik".

Die Diskussion über die neueren handels- und kolonialpolitischen Probleme hat das Gute gehabt, daß sie vielen die unendliche Wichtigkeit unserer auswärtigen Wirtschaftsbeziehungen zum Bewußtsein gebracht und ihnen insbesondere gezeigt hat, ein wie enger Zusammenhang zwischen der äußeren Wirtschaftspolitik und der Sozialpolitik besteht. Es ist dargetan worden, daß unser Wohlstand desto mehr zunimmt, und daß die Verteilung der Güter desto gerechter wird, je mehr wir am Weltverkehr teilnehmen. Die sozialen Klassen, die sich jetzt um das unzulängliche und verhältnismäßig karge Produkt des deutschen Bodens so erbittert streiten, müssen einsehen lernen, daß sie viel besser daran tun, zusammenzustehen und mit vereinten Kräften dem deutschen Volke nach außen hin in jenen weiten Gebieten, die noch der wirtschaftlichen Nutzbarmachung harren, freie Bahn zu schaffen. Durch einen intensiven ungestörten weltwirtschaftlichen Verkehr wächst der Lebensspielraum im Vaterlande selbst; und den Auswanderungslustigen kann eine kraftvolle Weltpolitik über See eine neue Heimat sichern, in der sie dem Deutschtum erhalten bleiben. So sorgt die Mutter Germania am besten für die Lebensnotdurft der Millionen alljährlich von ihr ins Dasein gerufenen Kinder. Auch die jetzigen grundsätzlichen Gegner deutscher Weltpolitik können sich auf die Dauer der Erkenntnis nicht verschließen, daß die Lösung der inneren sozialen Probleme durch eine zweckmäßige äußere Wirtschafts- und Machtpolitik, insbesondere durch eine großzügige Kolonialpolitik, außerordentlich erleichtert wird. Schon Roscher, der nüchterne und gewissenhafte Gelehrte, hat betont, daß auf dem Gebiete der Kolonialpolitik „zukunftschwangere Fragen liegen, die unsere meisten anderen, jetzt so viel behandelten Staats- und Gesellschaftsfragen weitaus an Wichtigkeit übertreffen, ja die richtige Lösung der letzteren hauptsächlich bedingen".

Die Weltpolitik entspricht den besten Traditionen des deutschen Volkes. Der Geist der alten Hanseaten muß wieder die ganze Nation durchdringen. Dann wird auch die „Seeluft" allerwärts ihre befreiende Wirkung zeigen. Das Weltmeer ist ein großer Erzieher.

„Aus dem endlosen Horizont des Ozeans wächst ein großer Zug von Kühnheit, Ausdauer und Fernblick in den Geist und Charakter der Seevölker hinein. Seevölker haben am wesentlichsten mit beigetragen zur Vergrößerung der politischen Maßstäbe. Die enge territoriale Politik ist ihrem Wesen nach kurzsichtig; das Meer erweitert den Blick nicht bloß des Kaufmanns, sondern auch des Staatsmanns. Nur das Meer kann wahre Weltmächte erziehen." (Ratzel.)

Sicher gehen wir, wenn wir ein großes Volk, eine Weltmacht, sein und bleiben wollen, ernsten Kämpfen entgegen. Aber das darf uns nicht schrecken. Es liegt eine tiefe Wahrheit in dem Worte, daß der Mensch im Frieden verkümmert. Häufig bedarf es des Kampfrufs, um die träge Welt wieder einmal aus Stumpfheit und Weichlichkeit aufzurütteln. Der Völkerkampf hat sich dem, der weit und tief zu blicken vermag, oft als ein Segen für die Menschheit erwiesen. Er bedeutet, wie Erich Marcks kürzlich sagte, „das Leben und die Energie. In Deutschland hat der Kampf sich immer als den großen Schöpfer auch innerlicher Neubildung in Staat, Gesellschaft, Wirtschaft, in aller Kultur erwiesen. Der Imperialismus der neuesten Tage zieht die Blicke überall ins Weite und Helle, er entfesselt und steigert die Kräfte und die Kraft überall; er muß die Arbeit überall wichtiger, die Luft stärker und freier, das Selbstgefühl stolzer und kühner machen. Von diesem starken Erzieher, so scharf und hart er sei, von seiner schöpferisch weiten Phantasie und seinem realistisch herben Willen, von seiner ganzen gewaltigen Mannhaftigkeit darf der Historiker freudig erhoffen, daß auch an seine Sturmfahne der innere Segen für unsere Welt und unser Volk sich hefte."

Schon in den traurigen Tagen des Deutschen Bundes, vor 60—70 Jahren, hat ein so weltkundiger und weitsichtiger Mann wie Friedrich List das deutsche Volk zu kühner wirtschaftlicher und politischer Expansion angefeuert; Kraft habe es dazu reichlich; nur den Mut, groß zu sein, müsse es fassen. Man hat den großen Patrioten damals einen Phantasten gescholten. Aber bereits hat sich zum großen Teil erfüllt, was List damals erträumte; und was noch fehlt, kann errungen werden, wenn sich wirklich zur Kraft der Wagemut gesellt. Wenn unser deutsches Volk in der Welt weiter emporsteigen will, so darf es sich durch die Gefahren der Weltpolitik nicht schrecken lassen; es muß auch dem Tode ins Angesicht schauen können.

„Schicksal webet an stygischen Bächen,
Feigen webet es schrecklich fern.
Steige hinnieder!
Fasse die Hyder!
Starken folget das Starke gern."

Statistischer Anhang.

I. Landwirtschaftliche Produktion der wichtigsten Länder.

(Millionen Doppelzentner.)

Ware	Land	1908	1909	1910
Weizen	V. St. Amerika	180	200	189
	Rußland	133	194	228
	Frankreich	86	98	67
	Britisch Indien	57	70	101
	Österreich-Ungarn	62	50	62
	Argentinien	52	36	36
	Italien	46	52	42
	Kanada	33	45	41
	Deutschland	38	38	39
	Spanien	32	39	37
	England	14	17	15
	Rumänien	15	16	30
Roggen	Rußland	193	223	222
	Deutschland	107	113	105
	Österreich-Ungarn	41	41	—
	Frankreich	13	14	11
	V. St. Amerika	8	8	8
	Italien	1	1	1
	England	0	0	0
Gerste	Rußland	81	112	106
	V. St. Amerika	36	37	35
	Deutschland	31	35	29
	Österreich-Ungarn	28	33	—
	England	12	14	13
	Frankreich	9	10	—
	Italien	2	2	2
Hafer	Rußland	121	155	155
	V. St. Amerika	117	146	163
	Deutschland	77	91	79
	Frankreich	47	56	—
	Österreich-Ungarn	32	39	—
	England	22	22	22
	Italien	—	6	4

Ware	Land	1908	1909	1910
Mais	V. St. Amerika	626	654	738
	Österreich-Ungarn . . .	44	46	48
	Argentinien	31	41	8
	Italien	17	20	26
	Rußland	14	7	20
	Frankreich	4	4	—
	Deutschland	0	0	0
	England	0	0	0
Zucker	Brit. Indien	21	19	22
	Deutschland	19	18	18
	Kuba	10	15	18
	Java	13	12	13
	Österreich-Ungarn . . .	13	12	11
	Rußland	13	12	11
	Frankreich	7	7	7
	V. St. Amerika	7	8	7
	Italien	1	2	1
	England	—	—	—

II. Viehstand der wichtigsten Länder.

(1000 Stück.)

Länder	Zählungsjahr	Pferde	Maultiere, Maulesel, Esel	Rindvieh	Schweine	Schafe	Ziegen
Brit. Indien . .	1909/10	1 556	1 451	121 612	—	23 247	30 709
V. St. Amerika .	1910	21 040	4 219	69 080	47 782	57 216	1 871
Rußland	1910	23 767	—	36 529	11 593	45 550	
Deutschland . . .	1907	4 345	11	20 630	22 147	7 700	3 534
Australien . . .	1908/10	2 345	—	12 402	999	115 573	109
Österr.-Ungarn .	1900/09	3 592	83	15 751	9 473	9 978	1 283
Frankreich . . .	1909	3 236	556	14 298	7 306	17 358	1 418
England	1910	1 545	—	7 037	2 350	27 103	—
Italien	1908	956	1 238	6 199	2 508	11 163	2 715

III. Kohlen- und Metallproduktion der wichtigsten Länder.

Ware	Land	1908	1909	1910
Kohlen ..... (Mill. Tonnen)	V. St. Amerika	377	418	455
	England	266	268	269
	Deutschland	215	217	222
	Österreich-Ungarn ...	49	49	48
	Frankreich	37	38	38
	Rußland	25	24	25
	Italien	0	1	1
Roheisen ... (Mill. Tonnen)	V. St. Amerika	16	26	28
	Deutschland	12	13	15
	England	9	10	10
	Frankreich	3	4	4
	Rußland	3	3	3
	Österreich-Ungarn ...	2	2	2
	Italien	0	0	0
Stahl ..... (Mill. Tonnen)	V. St. Amerika	14	24	27
	Deutschland	11	11	14
	England	5	6	6
	Frankreich	3	3	4
	Rußland	2	3	4
	Österreich-Ungarn ..	2	2	2
	Italien	1	1	1
Kupfer ..... (1000 Tonnen)	V. St. Amerika	430	498	493
	England	71	66	71
	Mexiko	39	57	60
	Spanien	52	54	—
	Japan	41	46	50
	Australien	40	35	41
	Chile	37	36	38
	Deutschland	30	33	39
	Italien	18	20	22
	Rußland	18	18	23
	Frankreich	8	8	8
	Österreich-Ungarn ...	1	1	2
Blei ...... (1000 Tonnen)	V. St. Amerika	360	406	427
	Spanien	188	180	192
	Deutschland	169	171	163
	Australien	119	77	99

Ware	Land	1908	1909	1910
Blei .... (1000 Tonnen)	Mexiko	127	118	126
	England	30	28	30
	Italien.........	26	22	14
	Frankreich	25	26	27
	Österreich-Ungarn ...	16	16	18
	Rußland	—	1	1
Zink .... (1000 Tonnen)	Deutschland	216	220	221
	V. St. Amerika	191	232	244
	Belgien	165	174	182
	England	54	59	63
	Frankreich	48	50	53
	Österreich-Ungarn ...	13	12	18
	Rußland	9	8	9
Silber ..... (1000 kg)	Mexiko	2291	2300	2220
	V. St. Amerika	1631	1702	1777
	Kanada.........	688	856	1022
	Australien	534	509	670
	Peru	298	298	—
	Chile u. Bolivien ...	181	173	202
	Deutschland	155	166	174
	Spanien	130	148	129
	Japan	121	129	145
	Österreich-Ungarn ...	55	31	48
	Italien.........	21	24	15
	Frankreich	18	20	—
	England	4	4	—
	Rußland	4	4	4
Gold ...... (1000 kg)	Afrika	251	257	264
	V. St. Amerika	142	150	145
	Australien	110	107	99
	Rußland	42	49	54
	Mexiko	34	36	37
	Indien	16	16	16
	Kanada.	15	15	15
	Österreich-Ungarn ...	4	3	3
	Deutschland	0	0	0
	England	0	0	0
	Italien.........	0	0	0
	Frankreich	0	0	—

IV. Produktion der wichtigsten Industrien Deutschlands im Jahre 1897.

Wert der Produkte der Erwerbszweige	Mill. Mark
1. In der Textilindustrie:	
a) Halbfabrikate (Garne)	835
b) Ganzfabrikate	1915
2. in der Montan- und Eisenindustrie:	
a) Bergbau:	
Steinkohlen	733
Braunkohlen	78
Erze	135
Salze	39
b) Hochofenindustrie	327
c) Fluß- und Schweißeisenfabrikation, Walzwerke:	
Rohschienen, Ingots	443
Halbfabrikate	144
Fertigfabrikate	687
d) Gießereibetriebe	318
e) Fabrikation von Kesselschmiedearbeiten aller Art	78
f) Eisenkonstruktionen aller Art	80
g) Maschinenindustrie	620
h) Bau von Lokomotiven und Lokomobilen	62
i) Schiffbau (Bau von eisernen und stählernen See- und Flußschiffen)	72
j) Eisenbahn-, Straßenbahnwagenbau	63
3. in der chemischen Industrie	948
4. in der Kautschuk-, Guttapercha- und Zelluloidindustrie	79
5. in der Steinbruchindustrie	86
6. in der Zementindustrie	74
7. in der keramischen Industrie	114
8. in der Glasindustrie	115
9. in der Papierindustrie	280
10. in einigen Zweigen der Papierverarbeitungsindustrie	272
11. in der Lederindustrie	336
12. in der Tabakindustrie	325
13. in der Damenmäntel- und Kindermäntelfabrikation	112

V. Anteil der wichtigsten Waren am Außenhandel Deutschlands.
(Wert in Millionen Mark.)

	1909	1910	1911
A. Einfuhr:			
Baumwolle, rohe	532,2	560,9	604,1
Gerste	303,0	310,0	462,1
Weizen	456,5	377,3	398,9
Schafwolle, roh, gekrempelt usw.	356,8	389,8	371,7
Kaffee, roher	187,7	176,5	251,6
Kupfer, rohes	189,8	216,2	231,0
Rindshäute	166,2	204,0	204,0
Kautschuk und Guttapercha	153,8	270,4	194,6
Palmkerne, Kopra usw.	119,0	178,6	180,3
Steinkohlen	166,3	157,8	179,3
Eisenerze	126,6	161,3	178,6
Eier von Geflügel, Eigelb	160,0	167,1	175,8
Kleie, Malzkeime, Reisabfälle usw.	139,8	114,9	165,1
Bau- und Nutzholz, gesägt usw.	120,6	139,1	153,1
Rohseide, ungefärbt	157,0	146,7	135,8
Chilesalpeter	119,8	133,5	135,2
Pelztierhäute und -felle	203,9	190,1	132,8
Milchbutter, Butterschmalz	98,1	92,0	129,2
Bau- und Nutzholz, roh	108,8	113,7	128,4
Tabakblätter, unbearbeitet	132,1	104,1	116,5
Wollengarn	118,5	119,9	113,8
Schmalz und schmalzartige Fette	138,8	94,9	112,8
Pferde	88,2	109,4	106,4
Ölkuchen	98,3	92,8	104,3
Baumwollengarn	89,5	102,1	98,9
Leinsaat	105,7	100,8	94,4
Reis	59,2	80,3	88,2
Mais	87,9	61,6	86,7
Roggen	38,6	42,5	76,0
Kalbfelle	83,9	73,8	75,4
Hafer	65,7	47,2	74,9
Wolle, gekämmte	85,7	79,6	74,5
Erdöl	82,8	73,7	72,3
Maschinen aller Art	82,0	83,5	71,0
Braunkohlen	77,6	70,3	70,7
Jute	51,9	42,6	62,8
Klee-, Luzerne-, Serradellasaat	52,5	51,0	62,5

	1909	1910	1911
Wein in Fässern	36,8	59,5	59,8
Kartoffeln	21,5	19,5	57,1
Kakaobohnen, rohe	42,1	45,4	55,5
Därme, Magen, Blasen	51,8	53,9	55,3
Zinn, rohes; Bruchzinn	36,7	43,8	53,3
Fische, frische	43,6	47,8	52,1
Baumwollenwaren	53,5	56,6	51,5
B. Ausfuhr:			
Maschinen aller Art	384,4	459,9	544,4
Baumwollenwaren	321,7	365,1	391,5
Steinkohlen	313,0	323,3	368,0
Wollenwaren	255,5	263,3	262,7
Eisenwaren, grobe	147,8	165,3	214,5
Zucker	205,7	194,5	210,6
Seidenwaren	163,8	183,4	190,9
Leder, lackiertes, gefärbtes usw.	120,0	132,1	143,9
Pelztierhäute und -felle	134,6	168,8	138,8
Anilin- und andere Teerfarbstoffe	117,7	125,8	116,5
Roggen	92,3	111,8	109,6
Koks	70,4	84,9	96,1
Eisenwaren, feine	78,2	86,5	91,9
Spielzeug aller Art	76,1	86,1	90,6
Wollengarn	60,2	77,5	88,1
Stab-, Eck- und Winkeleisen usw.	64,6	73,4	82,7
Fahrräder, Fahrradteile	61,4	72,6	81,5
Kleider und Putzwaren aus Baumwolle, Wolle usw.; Leibwäsche, wollene; Korsette	61,7	73,9	75,6
Kupfer-, Messing- usw. Waren, feine	48,5	60,6	70,4
Eisendraht	52,8	59,5	64,7
Bücher, Karten, Musikalien	61,5	62,2	64,3
Platten und Bleche aus schmiedbarem Eisen	46,3	50,2	60,8
Baumwollengarn, auch Vigognegarn	49,0	54,8	59,2
Rindshäute und Büffelhäute	56,5	66,2	58,9
Weizen	39,3	51,5	55,3
Luppeneisen, Rohschienen, Ingots	41,8	45,0	53,2
Roheisen	28,5	45,0	52,4
Klaviere usw.	38,8	44,2	51,9
Eisenbahnschienen	38,5	54,3	51,1
Lederwaren, feine	42,5	48,0	50,6
Farbendruckbilder, Kupferstiche usw.	52,7	49,6	50,5

VIa. Anteil der Tarifvertragsstaaten, Meistbegünstigungsstaaten und Staaten ohne Tarifverträge an der Einfuhr Deutschlands.

(Ohne Edelmetalle.)

Länder der Herkunft (nach den Werten von 1911 geordnet)	Wert in Millionen Mark		
	1909	1910	1911
1. Tarifvertragsstaaten:			
Rußland	1364	1387	1634
Finnland	24	26	35
Österreich-Ungarn	755	759	739
Belgien	290	326	340
Italien	288	274	285
Schweiz	163	174	180
Schweden	142	164	183
Rumänien	64	69	108
Portugal	13	22	25
Griechenland	18	21	24
Serbien	15	18	25
Bulgarien	8	6	11
2. Meistbegünstigungsstaaten und -gebiete:			
V. St. Amerika	1263	1188	1343
Großbritannien	728	767	809
Frankreich	485	509	524
Britisch Indien usw.	317	404	440
Argentinien	438	357	370
Australischer Bund	233	268	248
Niederlande	253	258	298
Niederländisch Indien usw.	185	187	184
Dänemark	135	158	180
Chile	143	155	158
Spanien	124	140	164
Britisch Westafrika	87	108	107
Ägypten	96	94	99
Britisch Südafrika	62	59	56
Norwegen	37	50	54
Türkei in Asien	35	45	47
Japan	29	37	38
Ceylon	19	35	37

Länder der Herkunft (nach den Werten von 1911 geordnet)	Wert in Millionen Mark		
	1909	1910	1911
Bolivien	21	30	37
Uruguay	34	29	35
Mexiko	21	24	31
Britisch Malakka usw.	27	46	27
Guatemala	25	19	27
Algerien	20	20	26
Türkei in Europa	22	22	23
Venezuela	15	16	17
Ecuador	11	11	12
3. Staaten ohne Handelsverträge:			
Brasilien	234	279	320
China	65	95	103
Kanada	8	11	24
Peru	13	14	21
Belgisch Kongo	16	25	16
Kuba	10	9	10

VIb. Anteil der Tarifvertragsstaaten, Meistbegünstigungsstaaten und Staaten ohne Handelsverträge an der Ausfuhr Deutschlands.

(Ohne Edelmetalle.)

Länder der Bestimmung (nach den Werten von 1911 geordnet)	Wert in Millionen Mark		
	1909	1910	1911
1. Tarifvertragsstaaten:			
Österreich-Ungarn	767	822	918
Rußland	444	547	625
Finnland	62	74	75
Schweiz	413	453	482
Belgien	349	391	413
Italien	289	323	348
Schweden	156	190	192
Rumänien	57	66	91
Portugal	29	33	40
Bulgarien	19	19	24
Serbien	17	19	21
Griechenland	11	15	18

Länder der Bestimmung (nach den Werten von 1911 geordnet)	Wert in Millionen Mark		
	1909	1910	1911
2. Meistbegünstigungsstaaten und -gebiete:			
Großbritannien	1015	1102	1140
V. St. Amerika	606	633	640
Frankreich	455	543	599
Niederlande	453	499	532
Argentinien	175	240	256
Dänemark	196	225	218
Norwegen	104	120	124
Japan	78	89	113
Britisch Indien usw.	79	90	99
Spanien	69	72	88
Chile	58	65	85
Australischer Bund	58	63	80
Türkei in Europa	55	73	75
Niederländisch Indien usw.	39	50	61
Britisch Südafrika	38	54	47
Mexiko	38	47	45
Ägypten	32	34	42
Türkei in Asien	24	31	37
Uruguay	23	28	33
Deutsch Südwestafrika	14	19	21
Britisch Westafrika	12	15	14
Deutsch Ostafrika	12	13	14
Britisch Malakka usw.	8	10	12
Kolumbien	6	9	11
Venezuela	5	7	9
3. Staaten ohne Handelsverträge:			
Brasilien	92	122	152
China	57	66	72
Kanada	25	37	43
Kuba	20	22	26
Peru	12	13	16

VII. Seeverkehr der wichtigsten Häfen.

Häfen	Jahr	Millionen Netto-Registertonnen			
		Ankunft		Abfahrt	
		Gesamtverkehr	darunter Auslandsverkehr	Gesamtverkehr	darunter Auslandsverkehr
A. Europa.					
1. Deutschland:					
Hamburg	1910	12,5	11,5	12,7	11,6
Bremerhaven	1910	1,8	1,6	1,9	1,6
Bremen	1910	1,7	1,3	1,7	1,2
Stettin	1910	1,5	1,3	1,6	1,2
2. Belgien-Holland:					
Antwerpen	1910	—	12,7	—	12,6
Rotterdam	1910	—	9,2	—	11,0
3. England:					
London	1910	19,7	13,3	19,7	11,3
Liverpool	1910	14,3	11,0	14,3	10,0
Cardiff	1910	11,1	6,3	11,0	9,1
Newcastle	1910	10,8	6,6	11,0	7,5
Southampton	1910	6,6	5,1	6,5	5,0
4. Südeuropa:					
Marseille	1910	9,4	8,2	9,3	8,2
Lissabon	1908	7,1	6,9	7,1	6,9
Konstantinopel	1910/11	19,7 (Ankunft und Abfahrt zusammen).			
B. Amerika.					
Neuyork	1909/10	—	13,0	—	12,5
Buenos Aires	1907	6,6	5,4	6,6	4,6
Montevideo	1910	6,6	—	6,6	—
C. Asien.					
Colombo	1909	—	6,6	—	6,6
Singapore	1909	7,0	6,8	7,1	6,8
Hongkong	1910	10,5	10,5	10,5	10,5
Schanghai	1910	9,1	—	9,4	—
Kobe	1910	—	5,6	—	5,6
D. Afrika.					
Funchal	1908	6,4	6,2	6,4	6,2

VIII. Die seit 1897 bis 1906 in Deutschland zum Börsenhandel zugelassenen ausländischen Wertpapiere.

Länder	Staats-anleihen	Anleihen von Provinzen, Städten usw.	Pfandbriefe von Landschaften usw.	Pfandbriefe von Hypothekenbanken	Bank-aktien	Eisenbahn-aktien	Eisenbahn-obligationen	Industrie-aktien	Industrie-obligationen	Zusammen
	Millionen Mark[1]) (Nennwerte)									
Argentinien	92,1 (35,5)	—	—	—	—	—	—	—	—	92,1 (35,5)
Belgien	—	—	—	—	2,4	—	—	—	—	2,4
Bosnien	85,0	—	—	—	—	—	—	—	—	85,0
Brasilien	—	77,6	—	—	—	—	—	—	—	77,6
Bulgarien	85,9 (23,4)	28,4	—	—	—	—	—	—	—	114,3 (23,4)
Chile	75,8	—	—	—	—	—	—	—	—	75,8
China	346,8	—	—	—	18,8	—	—	—	—	365,6
Dänemark	81,2 (66,5)	45,6	414,8	22,7	15,4 (2,2)	—	—	11,2 (3,4)	4,5	595,4 (72,1)
Finnland	—	13,8 (2,8)	27,4 (10,3)	4,9	—	—	—	—	—	46,1 (13,1)
Großbritannien	—	—	—	—	—	—	—	5,8	1,8 (1,8)	7,6 (1,8)
Italien	—	—	—	—	48,0 (6,4)	—	80,0	—	13,9 (4,5)	141,9 (10,9)
Japan	1290,4	—	—	—	—	—	—	—	—	1290,4
Kanada	—	—	—	—	—	152,9	—	—	—	152,9
Kuba	147,0	—	—	—	—	—	—	—	—	147,0
Luxemburg	—	—	—	—	4,0	—	—	20,0 (8,8)	8,0	32,0 (8,8)

Mexiko	975,4 (437,8)	—	—	—	—	—	63,9 (23,1)	—	—	1039,3 (460,9)
Niederlande	—	—	—	—	—	—	81,9 (15,0)	—	—	81,9 (15,0)
Norwegen	—	25,2 (5,6)	—	39,4	—	—	1,7	—	—	66,3 (5,6)
Österreich	3337,9 (3072,6)	300,2 (1,4)	—	—	128,4	42,1	203,4 (145,3)	9,6 (5,1)	—	4021,6 (3224,4)
Portugal	700,7 (685,5)	—	—	—	—	—	—	—	—	700,7 (685,5)
Rumänien	862,3 (432,8)	46,4 (41,1)	—	—	8,0	—	—	19,2	13,0	948,9 (473,9)
Rußland	2318,6	35,7	184,5 (184,5)	129,6	23,8	27,0	651,1 (38,5)	23,6	60,0	3453,9 (223,0)
Serbien	152,0	—	—	—	—	—	—	—	—	152,0
Schweden	129,7	119,6 (3,1)	42,8 (7,5)	32,9 (8,7)	—	—	28,1 (16,9)	2,2 (1,5)	—	355,3 (37,7)
Schweiz	360,0 (280,0)	—	—	—	—	—	48,0	29,6	—	437,6 (280,0)
Spanien	—	—	—	—	—	—	—	11,2	—	11,2
Türkei	922,6 (625,2)	—	—	—	—	49,0	6,5	—	—	978,1 (625,2)
Ungarn	1167,7 (924,3)	85,0	85,0	80,7	20,4	2,5	26,1	10,2	28,7	1506,3 (924,3)
V. St. Amerika . . .	—	—	—	—	—	2321,6	2619,0 (1103,6)	—	5,2	4945,8 (1103,6)
Im ganzen	13131,1	777,5	754,5	310,2	269,2	2595,1	3809,7	142,6	135,1	21925,0
Darunter Umwandlung	(6583,6)	(54,0)	(202,3)	(8,7)	(8,6)	—	(1342,4)	(18,8)	(6,3)	(8224,7)

1) Die eingeklammerten Ziffern bezeichnen die in Umwandlungen zur Zulassung gelangten Wertpapiere, die in den darüber stehenden mit enthalten sind.

IX. Telegrammverkehr Deutschlands mit den wichtigsten Ländern.

	Es wurden befördert im Jahre 1910 Telegramme (1000 Stück)	
	nach dem Reichstelegraphengebiet aus den nebenstehenden Ländern	aus dem Reichstelegraphengebiet nach den nebenstehenden Ländern
Großbritannien und Irland	1618	1020
Österreich	1477	1287
Rußland	1090	940
Frankreich	942	731
Belgien	511	409
Amerika	509	350
Niederlande	501	463
Schweiz	376	327
Italien	316	273
Dänemark	237	224
Schweden	236	198
Ungarn	194	163
Norwegen	145	129
Asien	124	103
Rumänien	93	89
Afrika	91	56
Spanien	81	69
Luxemburg	58	51
Europ. Türkei	44	28
Portugal	39	25
Griechenland	27	15
Bulgarien	25	19
Serbien	17	9
Australien	16	8

X. Außenhandel der deutschen Schutzgebiete.

(Millionen Mark.)

	1905	1906	1907	1908	1909	1910
A) Einfuhr:						
Ostafrika	18	25	24	26	34	39
Kamerun	13	13	17	17	18	25
Togo	8	6	7	9	11	11
Südwestafrika	24	69	32	33	35	44
I. Afrika zusammen	63	114	80	84	98	120
Bismarckarchipel	2	2	3	2	3 (Bismarckarchipel und Kaiser Wilhelmsland zusammen)	3
Kaiser Wilhelmsland	1	1	1	1		1
Ostkarolinen	0	0	0	0	0	0
Westkarolinen, Palau, Marianen	2	1	0	0	2	1
Marschall-Inseln	1	1	1	1	2	1
Samoa	3	3	3	3	3	3
II. Südsee zusammen	9	8	9	8	10	9
III. Kiautschou	69	82	55	69	65	69
B. Ausfuhr:						
Ostafrika	10	11	12	11	13	21
Kamerun	9	10	16	12	16	20
Togo	4	4	6	7	7	7
Südwestafrika	0	0	2	8	22	35
I. Afrika zusammen	23	26	36	38	58	83
Bismarckarchipel	1	2	2	1	2 (Bismarckarchipel und Kaiser Wilhelmsland zusammen)	3
Kaiser Wilhelmsland	0	0	0	0		0
Ostkarolinen	0	0	0	0	0	0
Westkarolinen, Palau, Marianen	0	0	0	0	1	1
Marschall-Inseln	1	1	1	4	5	9
Samoa	2	3	2	3	3	4
II. Südsee zusammen	4	6	5	9	11	18
III. Kiautschou	25	34	33	47	55	61
C. Gesamthandel:						
I. Afrika	86	139	116	122	156	203
II. Südsee	13	14	14	16	21	28
III. Kiautschou	94	117	88	116	120	130
Zusammen:	193	270	218	255	297	360

XI. Handelsbilanz der wichtigsten Länder.

(Millionen Mark.)

Land	Jahr	Einfuhr	Ausfuhr	(—) Einfuhrüberschuß (+) Ausfuhrüberschuß
Deutschland	1908	7664	6399	— 1265
	1909	8527	6594	— 1933
	1910	8934	7475	— 1459
England	1908	10472	7693	— 2779
	1909	10880	7715	— 3165
	1910	11723	8784	— 2939
Frankreich	1908	4512	4041	— 471
	1909	4997	4574	— 423
	1910	5408	4805	— 603
Österreich-Ungarn .	1908	2038	1917	— 121
	1909	2334	1971	— 363
	1910	2417	2034	— 383
Italien	1908	2331	1383	— 948
	1909	2489	1493	— 996
	1910	2564	1607	— 957
Rußland	1908	1642	2028	+ 386
	1909	1697	2953	+ 256
	1910	2059	2989	+ 930
Belgien	1908	2662	2005	— 657
	1909	2870	2163	— 707
	1910	3412	2726	— 686
Niederlande	1908	4486	3738	— 748
	1909	4777	3692	— 1085
	1910	5284	4163	— 1121
V. St. Amerika . .	1908	4907	7706	+ 2799
	1909	5406	6881	+ 1475
	1910	6396	7182	+ 786
Ostindien	1908	1850	2167	+ 317
	1909	1767	2636	+ 869
	1910	1927	2947	+ 1020
Kanada	1908	1478	1037	— 441
	1909	1210	1019	— 191
	1910	1553	1173	— 380
Japan	1908	910	788	— 122
	1909	821	861	+ 40
	1910	968	956	— 12

Schriften desselben Verfassers:

Wirtschaftliche Folgen der Entwicklung Deutschlands zum Industriestaat. Berlin 1899, Verlag von L. Simion. Preis M. 2,—.

Die Handelsbeziehungen Deutschlands zu England und den englischen Kolonien. Berlin 1899, Verlag von L. Simion. Preis M. 2,—.

Die Zweckmäßigkeit des Systems der Meistbegünstigung. Berlin 1901, Verlag von L. Simion. Preis M. 2,—.

Der Schutz der nationalen Arbeit. Jena 1902, Verlag von G. Fischer. Preis M. 0,75.

Das Studium auf der Handelshochschule. Berlin 1903, Verlag von L. Simion. Preis M. 1,—.

Die Bedeutung der Handelshochschule für den Kaufmann. Berlin 1905, Verlag von L. Simion. Preis M. 1,—.

Kurze Beschreibungen der Heimarbeit im rhein-mainischen Wirtschaftsgebiet. Frankfurt a. M. 1908, Verlag von J. Baer & Co. Preis M. 1,50.

Die Heimarbeit im rhein-mainischen Wirtschaftsgebiet, Monographien. Verlag von G. Fischer, Jena. Bd. I. (1909) Preis M. 6,50. Bd. II. (1911) Preis M. 8,25. Bd. III. (im Druck).

Grundzüge der auswärtigen Politik Deutschlands. Jena 1912. Verlag von E. Diederichs. Preis M. 1,20.

Druck von B. G. Teubner in Dresden

www.ingramcontent.com/pod-product-compliance
Lightning Source LLC
Chambersburg PA
CBHW060801310726
48980CB00002B/193

* 9 7 8 3 8 6 3 8 3 2 9 1 9 *